EL LIBRO DE COCINA COMPLETO PARA LAS VACACIONES DE JÁNUCA

Un libro de cocina festivo para celebrar el Festival de las Luces. 100 deliciosas recetas de comidas, refrigerios y postres tradicionales y modernos de Jánuca

Esperanza Romero

Material con derechos de autor ©2023

Reservados todos los derechos

Sin el debido consentimiento por escrito del editor y propietario de los derechos de autor, este libro no se puede utilizar ni distribuir de ninguna manera, excepto por breves citas utilizadas en una reseña. Este libro no debe considerarse un sustituto del asesoramiento médico, legal o de otro tipo profesional.

TABLA DE CONTENIDO

TABLA DE CONTENIDO 3
INTRODUCCIÓN 6

1. Pastel de pan con puré de manzana 7
2. Carne de res y repollo para la cena 9
3. Cazuela De Arroz Con Brócoli 11
4. Latkes de lentejas rojas 13
5. Tortitas De Patata Y Espinacas 16
6. Palitos de pan integral con ajo 18
7. Aros de cebolla de Hannukah 20
8. Crema agria casera 22
9. Pastel de aceite de oliva con naranja y salvia 24
10. Sufganiot fáciles 26
11. Dulce de azúcar gelt de Hannukah 28
12. Espinacas Al Horno Y Queso 30
13. Galletas de mantequilla y menta 32
14. Batatas asadas e higos frescos 34
15. El gordo de Na'ama 37
16. Ensalada de espinacas baby con dátiles y almendras 39
17. Berenjena asada con cebolla frita 41
18. Calabaza asada con za'atar 44
19. Kuku de habas 47
20. Ensalada cruda de alcachofas y hierbas 50
21. Ensalada Mixta De Frijoles 52
22. Albóndigas de puerro y limón 55
23. Ensalada de colinabo y Hannukah 58
24. Ensalada de tubérculos con labneh 60
25. Tomates fritos con ajo 62
26. Puré de remolacha con yogur y za'atar 64
27. Buñuelos de acelgas 66
28. Ensalada de garbanzos y verduras especiadas 68
29. Berenjena Chermoula con Bulgur y Yogur 71
30. Coliflor frita con tahini 74
31. Ensalada de coliflor asada y avellanas 77
32. A'ja (buñuelos de pan) 79
33. Ensalada picante de zanahoria 81
34. Hannukah Shakshuka 83
35. Crema de calabaza y tahini 85
36. Ensalada picante de remolacha, puerro y nueces 87
37. Okra carbonizada con tomate 90
38. Berenjena quemada con semillas de granada 92

39. Ensalada de perejil y cebada 95
40. Ensalada de tomate y calabacín en trozos 97
41. Tabulé 100
42. Patatas asadas con caramelo y ciruelas pasas 103
43. Acelgas con tahini, yogur y piñones con mantequilla 106
44. Hannukah Sabih 109
45. Latkes 112
46. Hannukah Falafel 114
47. Bayas de trigo y acelgas con melaza de granada 117
48. Hannukah Balilah 119
49. Arroz basmati y orzo 121
50. Arroz con azafrán con agracejo, pistacho y hierbas mixtas 123
51. Basmati y arroz salvaje con garbanzos, grosellas y hierbas 126
52. Risotto de cebada con queso feta marinado 129
53. Conchiglie con yogur, guisantes y chile 132
54. Mejadra 134
55. Hannukah Maqluba 137
56. Cuscús con tomate y cebolla 141
57. Sopa de berros y garbanzos con agua de rosas 144
58. Sopa caliente de yogur y cebada 147
59. Sopa Cannellini De Frijoles Y Cordero 149
60. Sopa de mariscos e hinojo 152
61. Sopa De Pistacho 155
62. Sopa de berenjena quemada y mograbieh 158
63. Sopa de tomate y masa madre 161
64. Sopa clara de pollo con knaidlach 163
65. Sopa picante de freekeh con albóndigas 167
66. Membrillo Relleno De Cordero Con Granada Y Cilantro 170
67. "Pastel" de nabo y ternera 173
68. Cebollas rellenas de Hannukah 176
69. Kibbeh abierto de Hannukah 179
70. Kubbeh hamusta 182
71. Pimientos romanos rellenos 186
72. Berenjenas Rellenas De Cordero Y Piñones 189
73. Patatas Rellenas 192
74. Alcachofas rellenas con guisantes y eneldo 195
75. Pollo Asado Con Alcachofa De Jerusalén 198
76. Pollo escalfado con freekeh 201
77. Pollo con arroz con cebolla y cardamomo 204
78. Hígado picado 207
79. Ensalada de pollo y hierbas con azafrán 210
80. Sofrito de pollo Hannukah 213

81. Hannukah Kofta B'siniyah 216
82. Albóndigas de ternera con habas y limón 219
83. Albóndigas de cordero con agracejo, yogur y hierbas 222
84. Hamburguesas de pavo y calabacín con cebolla verde y comino 225
85. Polpettone 228
86. Huevos estofados con cordero, tahini y zumaque 232
87. Ternera cocida a fuego lento con ciruelas pasas y puerro 235
88. Shawarma de cordero de Hannukah 238
89. Lubina frita con Harissa y rosa 241
90. Brochetas de pescado y alcaparras con berenjena quemada y pepinillo de limón 244
91. Caballa frita con remolacha dorada y salsa de naranja 247
92. Tortitas de Bacalao en Salsa de Tomate 250
93. Brochetas de pescado a la plancha con hawayej y perejil 253
94. Ensalada de fricasé 256
95. Gambas, vieiras y almejas con tomate y queso feta 259
96. Filetes De Salmón En Salsa Chraimeh 262
97. Pescado agridulce marinado 265
98. Galettes de pimiento rojo y huevo al horno 268
99. Ladrillo de Hannukah 271
100. Sfiha o Lahm Bi'ajeen 274

CONCLUSIÓN 277

INTRODUCCIÓN

¡Bienvenido a EL LIBRO DE COCINA COMPLETO PARA LAS VACACIONES DE JÁNUCA, el libro de cocina definitivo para celebrar el Festival de las Luces! Hannukah es un momento para la familia, los amigos y la comida deliciosa, y este libro de cocina tiene todo lo que necesita para crear comidas y delicias memorables que deleitarán a sus seres queridos.

En este libro de cocina, encontrará una amplia variedad de recetas tradicionales y modernas de Hannukah, desde los clásicos latkes y pechuga hasta versiones creativas de los favoritos tradicionales como sufganiyot (rosquillas de gelatina) y jalá. Ya sea que sea un cocinero experimentado o un novato en la cocina, estas recetas son fáciles de seguir y lo ayudarán a crear deliciosas comidas, refrigerios y postres de Hannukah que a todos les encantarán.

Pero EL LIBRO DE COCINA COMPLETO PARA LAS VACACIONES DE JÁNUCA es más que un simple libro de cocina: es una celebración de la cultura y tradición judía. A lo largo del libro, aprenderá sobre la historia y el significado de Hannukah, así como las historias y tradiciones que hacen que esta festividad sea tan especial.

Entonces, ya sea que esté buscando inspiración para su menú de Hannukah o simplemente quiera aprender más sobre esta querida festividad, EL LIBRO DE COCINA COMPLETO PARA LAS VACACIONES DE JÁNUCA es el compañero perfecto. ¡Pongámonos a cocinar y celebremos el Festival de las Luces con estilo!

Hannukah, Festival de las Luces, libro de cocina, tradicional, moderno, recetas, latkes, pechuga, sufganiyot, jalá, cultura judía, tradición, festividad, menú, inspiración, celebración..

1. Pastel de pan con puré de manzana

Rinde: 16 porciones

INGREDIENTES
- 1/2 taza de nueces (picadas)
- 1 1/2 taza de puré de manzana
- 1 huevo
- 1 taza de azúcar
- 2 cucharadas de aceite
- 1 cucharadita de extracto de vainilla
- 2 tazas de harina (para todo uso)
- 2 cucharaditas de bicarbonato de sodio
- 1/2 cucharadita de canela (molida)
- 1/2 cucharadita de nuez moscada (molida)
- 1 taza de pasas

INSTRUCCIONES

a) Lávese bien las manos con jabón y agua tibia.
b) Precalienta el horno a 350 grados. Engrase 2 moldes para pan (8x4x2 pulgadas).
c) Tostar las nueces en una sartén sin engrasar. Revuelva mientras calienta a fuego medio-bajo durante 5-7 minutos. Estarán listos cuando estén dorados y huelan a nuez. Dejar enfriar.
d) Mezcle el puré de manzana, el huevo, el azúcar, el aceite y la vainilla en un tazón grande.
e) Mezcle la harina, el bicarbonato de sodio, la canela y la nuez moscada en un tazón más pequeño.
f) Vierta la mezcla de harina en la mezcla de puré de manzana.
g) Agregue las pasas y las nueces tostadas enfriadas.
h) Vierta la mitad de la masa en cada molde engrasado. Hornee durante 45-55 minutos.
i) Retire los pasteles del horno. Dejar enfriar durante 10 minutos. Retirar de los moldes para terminar de enfriar. Para obtener el mejor sabor, deje que los pasteles se enfríen unas horas antes de servirlos.

2. Carne De Res Y Repollo Para La Cena

Rinde: 4 porciones

INGREDIENTES
- 1 cabeza de col verde (lavada y cortada en trozos pequeños)
- 1 cebolla, mediana (picada)
- 1 libra de carne molida, magra (15% de grasa)
- aceite en aerosol antiadherente
- 1 cucharadita de ajo en polvo
- 1/4 cucharadita de pimienta negra
- sal (al gusto, opcional)
- hojuelas de pimiento rojo (al gusto, opcional)

INSTRUCCIONES
a) Picar el repollo y la cebolla y reservar.
b) En una sartén grande, cocina la carne molida a fuego medio hasta que se dore. Escurrir la grasa. Reserva la carne.
c) Rocíe la sartén con aceite en aerosol antiadherente. Cocine las cebollas a fuego medio hasta que estén suaves.
d) Agregue el repollo a las cebollas y cocine hasta que el repollo comience a dorarse.
e) Agrega la carne a la mezcla de repollo y cebolla.
f) Sazone con ajo en polvo, sal (opcional) y pimienta. Agregue hojuelas de pimiento rojo (opcional) al repollo si le gusta picante.

3. Guiso de arroz y brocoli

Rinde: 12 porciones

INGREDIENTES

- 1 1/2 taza de arroz
- 3 1/2 tazas de agua
- 1 cebolla (mediana, picada)
- 1 lata de crema de champiñones, pollo, apio o queso (10 3/4 onzas, condensada)
- 1 1/2 taza de leche (1%)
- 20 onzas de brócoli o coliflor o vegetales mixtos (congelados, picados)
- 1/2 libra de queso (rallado o en rodajas)
- 3 cucharadas de magarina (o mantequilla)

INSTRUCCIONES

a) Precaliente el horno a 350 grados y engrase un molde para hornear de 12x9x2 pulgadas.
b) En una cacerola mezcle el arroz, la sal y 3 tazas de agua y deje hervir.
c) Cubra y cocine a fuego lento durante 15 minutos. Retire la cacerola del fuego y déjela reposar durante 15 minutos más.
d) Saltee las cebollas en margarina (o mantequilla) hasta que estén tiernas.
e) Mezcle la sopa, la leche, 1/2 taza de agua, la cebolla y el arroz. Vierta la mezcla en un molde para hornear.
f) Descongelar y escurrir las verduras y luego esparcirlas sobre la mezcla de arroz.
g) Extienda el queso uniformemente por encima y hornee a 350 grados durante 25 a 30 minutos hasta que el queso se derrita y el arroz burbujee.

4. Latkes de lentejas rojas

Rinde: 4 porciones

INGREDIENTES
- 1/2 taza de lentejas rojas secas
- 1 papa, medianamente rallada (aproximadamente 1/2 libra, pelarla es opcional)
- 1 huevo grande
- 1 diente de ajo, finamente picado
- 2 cucharadas de queso parmesano, rallado u otro queso
- 1 pizca de salsa picante (1-2 pizcas, opcional)
- 1/4 cucharadita de sal
- pimienta negra (al gusto, opcional)
- 2 cucharadas de aceite de canola (o aceite de oliva, para cocinar)

INSTRUCCIONES

a) Agregue las lentejas a una cacerola mediana y agregue agua hasta cubrir aproximadamente una pulgada. Deje hervir, luego baje el fuego a fuego lento y cocine hasta que estén tiernos, aproximadamente 15 minutos. Escurrir y reservar.

b) Mientras tanto, retira el exceso de agua de la patata: puedes exprimirla a puñados o poner toda la pila sobre un paño de cocina limpio y escurrirla.

c) Rompe el huevo en un tazón mediano y bátelo ligeramente. Agrega la papa, las lentejas cocidas, el ajo, la cebolla verde y el queso y la salsa picante si los vas a usar en un tazón mediano. Agrega la sal y una buena pizca de pimienta negra y revuelve hasta que se combinen.

d) Calienta una sartén grande a fuego medio, luego agrega un chorrito generoso de aceite (1-2 cucharadas). Trabajando en tandas, para no llenar la sartén, agregue grupos de la mezcla de papa y lentejas (aproximadamente del tamaño de una pelota de golf o un poco más grande funciona bien) y aplánelos tan pronto como estén en la sartén, haciéndolos aproximadamente un media pulgada de espesor.

e) Cocine durante unos 4-5 minutos por lado, hasta que los lakes estén muy dorados y bien cocidos. Agregue un poco más de aceite a la sartén por cada tanda adicional. Sirva inmediatamente o mantenga los latkes calientes en un horno a 200 °F por hasta una hora.

5. Tortitas De Patata Y Espinacas

Rinde: 4 porciones

INGREDIENTES
- 2 tazas de calabacín, rallado
- 1 papa, mediana (pelada y rallada)
- 1/4 taza de cebolla, finamente picada
- 1/4 cucharadita de sal
- 1/4 taza de harina integral
- 1 1/2 taza de espinacas, picadas y cocidas al vapor
- 1/2 cucharadita de pimienta
- 1/4 cucharadita de nuez moscada molida
- 1 huevo batido
- puré de manzana (opcional)

INSTRUCCIONES
a) Combine los primeros ocho ingredientes en un tazón.
b) Agregue el huevo y mezcle bien.
c) Deje caer la masa en 1/4 taza llena sobre una plancha caliente bien engrasada y aplánela para formar hamburguesas.
d) Freír hasta que estén doradas; voltee y cocine hasta que el segundo lado esté ligeramente dorado. Escurrir sobre toallas de papel y servir con puré de manzana, si lo desea.

6. Palitos de pan integral con ajo

Rinde: 6 porciones

INGREDIENTES:
- 6 rebanadas de pan (100% integral)
- 2 cucharadas de aceite de oliva
- 1/2 cucharadita de ajo en polvo
- 1 condimento italiano (según sea necesario, para espolvorear)

INSTRUCCIONES
a) Unta cada rebanada de pan con una cucharadita de aceite.
b) Espolvorea con ajo en polvo y condimento italiano.
c) Apila el pan y corta cada rebanada en 3 partes iguales.
d) Hornee a 300 grados durante unos 25 minutos o hasta que estén crujientes y ligeramente dorados.

7. Aros de cebolla de Hannukah

INGREDIENTES:
- 3 cebollas grandes
- 1 taza de harina de maíz
- 1 taza de harina
- 2 cucharaditas de sal
- 1 taza de yogur
- 1 taza de leche
- Pimienta molida
- Aceite para freír

INSTRUCCIONES

a) En una olla grande, caliente aproximadamente ¾" de aceite a 350° F. Combine la leche y el yogur en un tazón pequeño. Combine la harina de maíz, la harina, la sal y la pimienta en otro tazón.

b) Cortar las cebollas y separar los aros. Remojar los aros en la mezcla de leche y yogur durante unos minutos.

c) Luego, pase ambos lados por la mezcla de harina y use unas pinzas para colocar los aros en el aceite. Cocine los aros hasta que estén dorados.

d) Retirar sobre una toalla de papel y mantener caliente en el horno a 200° F.

8. Crema agria casera

INGREDIENTES:
- ¼ taza de leche
- 1 taza de crema espesa
- ¾ cucharaditas de vinagre blanco destilado

INSTRUCCIONES

a) Combina la leche y el vinagre y deja reposar durante 10 minutos. Vierta la crema espesa en un frasco.
b) Agrega la mezcla de leche, tapa el frasco y deja reposar a temperatura ambiente durante 24 horas.
c) Enfriar antes de usar.

9. Pastel de aceite de oliva con naranja y salvia

INGREDIENTES:
PASTEL:
- 4 huevos
- 1 taza de azúcar
- ½ taza de aceite de oliva virgen extra
- ¼ taza de jugo de naranja
- 2 cucharadas de ralladura de naranja
- 1 cucharada de salvia fresca finamente picada
- 1 ½ tazas de harina para todo uso
- 1 cucharada de polvo para hornear
- ½ cucharadita de sal
- ½ cucharadita de canela

GLASEADO DE NARANJA:
- 1 taza de azúcar en polvo
- 2 cucharadas de jugo de naranja

INSTRUCCIONES

a) Precaliente el horno a 350° F y engrase 1 molde para pan grande. En una batidora, bata los huevos con el azúcar durante 2 minutos, hasta que la mezcla esté esponjosa. Con la batidora a velocidad baja, rocíe el aceite de oliva y el jugo de naranja. Incorpora la ralladura de naranja y las hojas de salvia.

b) En un tazón aparte, combine la harina, el polvo para hornear, la sal y la canela.

c) Agregue la mezcla seca a la húmeda en la batidora y mezcle hasta que quede suave.

d) Vierta la masa en el molde para pan. Hornea el pastel durante 30-35 minutos. Deje el pastel a un lado durante 15 minutos en el molde y luego transfiéralo a una rejilla para que se enfríe por completo.

e) En un tazón, mezcle el azúcar en polvo y el jugo de naranja. Cuando el bizcocho se haya enfriado, rocíe con el glaseado y reserve hasta que el glaseado se haya endurecido.

10. Sufganiot fácil

INGREDIENTES:
- Un rollo de masa para galletas comprada en la tienda
- Aceite de canola, para freír
- Tazón pequeño de azúcar, blanca o en polvo
- ½ taza de mermelada Aceite

INSTRUCCIONES

a) Deje reposar la masa a temperatura ambiente durante 20 minutos, para que sea fácil de extender.
b) Sobre una superficie enharinada, extienda la masa hasta que tenga ½" de espesor. Recorta círculos de 2 ½" o 3".
c) Llene una olla con 2" de aceite y caliéntela a 360° F.
d) Freír la masa hasta que cada lado esté de color marrón oscuro. Pruebe uno para asegurarse de que no queden pastosos en el medio. Transfiera las donas a una toalla de papel, retire el exceso de grasa y cúbralas con azúcar.
e) Rellenar con mermelada utilizando una botella exprimible.

11. <u>**Dulce de azúcar gelt de Hannukah**</u>

INGREDIENTES
- 3 tazas de chispas de chocolate semidulce
- 1 lata de leche condensada azucarada
- 1 cucharadita de vainilla
- ¼ cucharadita de sal

INSTRUCCIONES

a) Combine las chispas de chocolate y la leche condensada en un tazón y caliente en el microondas durante 1 minuto.
b) Revuelva hasta que quede suave. Si necesita más tiempo, continúe calentando en el microondas en incrementos de 10 segundos.
c) Agrega la vainilla y la sal y revuelve. Extienda en un plato forrado con papel encerado. Refrigerar por ½ hora. Corta el dulce de azúcar en las formas deseadas y envuélvelo en papel de aluminio.
d) Refrigere el dulce de azúcar hasta que esté listo para comer.

12. Espinacas Al Horno Y Queso

INGREDIENTES
- Aceite en aerosol antiadherente
- 2 huevos enteros más 2 claras
- ¾ taza de leche
- 3 rebanadas de pan ligero del día anterior, cortadas en triángulos pequeños
- 1 taza de espinacas frescas, finamente picadas
- ½ taza de queso parmesano rallado

INSTRUCCIONES
a) Precaliente el horno a 350° F. Cubra el fondo de un molde desmontable de 8" con papel para hornear y rocíe con aceite en aerosol antiadherente. En un tazón mediano, bata los huevos y las claras hasta que estén espumosos.
b) Agrega la leche, las espinacas y el queso. Revuelva para mezclar. Verter en el molde preparado.
c) Sumerge los triángulos de pan seco en la mezcla. Una vez cubiertos con la mezcla, levanta una punta de cada trozo con un tenedor para que asomen por arriba.
d) Hornee sin tapar hasta que esté ligeramente dorado, aproximadamente de 20 a 30 minutos.
e) Retire del horno y enfríe. Afloje los bordes cortando el exterior con un cuchillo. Retirar de la sartén y colocar en un plato resistente al calor.

13. Galletas De Mantequilla Y Menta

INGREDIENTES
- 1 taza de mantequilla, ablandada
- ½ taza de azúcar glass
- 1 ½ cucharaditas de extracto de menta
- 1 ¾ tazas de harina para todo uso
- Azúcar de color verde

INSTRUCCIONES

a) En un tazón grande, bata la mantequilla y el azúcar glass hasta que esté suave y esponjoso. Batir el extracto. Agrega poco a poco la harina y mezcla bien. Enrolle cucharadas de masa en bolas.

b) Colóquelos a 1" de distancia en bandejas para hornear sin engrasar; aplanar con un vaso bañado en azúcar de colores. Hornee a 350° F durante 12 a 14 minutos o hasta que esté firme.

c) Retirar a rejillas para que se enfríe. Rendimiento: 3 docenas.

14. Batatas asadas e higos frescos

Hace: 4
INGREDIENTES
- 4 batatas pequeñas (2¼ lb / 1 kg en total)
- 5 cucharadas de aceite de oliva
- 3 cucharadas / 40 ml de vinagre balsámico (puede utilizar uno comercial en lugar de uno añejo premium)
- 1½ cucharada / 20 g de azúcar extrafina
- 12 cebollas verdes, partidas por la mitad a lo largo y cortadas en gajos de 4 cm / 1½ pulgadas
- 1 chile rojo, en rodajas finas
- 6 higos maduros (8½ oz / 240 g en total), cortados en cuartos
- 5 oz / 150 g de queso tierno de leche de cabra (opcional)
- Sal marina maldon y pimienta negra recién molida

INSTRUCCIONES

a) Precalienta el horno a 475°F / 240°C.
b) Lave las batatas, córtelas por la mitad a lo largo y luego vuelva a cortar cada mitad de la misma manera en 3 gajos largos. Mezclar con 3 cucharadas de aceite de oliva, 2 cucharaditas de sal y un poco de pimienta negra. Extienda las rodajas, con la piel hacia abajo, en una bandeja para hornear y cocine durante unos 25 minutos, hasta que estén suaves pero no blandas. Retirar del horno y dejar enfriar.
c) Para hacer la reducción de balsámico, coloca el vinagre balsámico y el azúcar en una cacerola pequeña. Deje hervir, luego reduzca el fuego y cocine a fuego lento durante 2 a 4 minutos, hasta que espese. Asegúrate de retirar la sartén del fuego cuando el vinagre aún esté más líquido que la miel; continuará espesándose a medida que se enfríe. Agregue una gota de agua antes de servir si se vuelve demasiado espesa para rociar.
d) Coloca las batatas en una fuente para servir. Calienta el aceite restante en una cacerola mediana a fuego medio y agrega las cebolletas y el chile. Fríe durante 4 a 5 minutos, revolviendo con frecuencia para asegurarse de no quemar el chile. Vierta el aceite, la cebolla y el chile sobre los camotes. Coloque los higos entre los gajos y luego rocíe sobre la reducción de balsámico. Servir a temperatura ambiente. Desmenuza el queso por encima, si lo usas.

15. El gordo de Na'ama

Hace: 6

INGREDIENTES

- 1 taza/200 g de yogur griego y ¾ de taza más 2 cucharadas/200 ml de leche entera, o 1⅔ de taza/400 ml de suero de leche (en sustitución del yogur y la leche)
- 2 panes planos turcos duros grandes o naan (9 oz / 250 g en total)
- 3 tomates grandes (380 g / 13 oz en total), cortados en dados de 1,5 cm / ⅔ de pulgada
- 3½ oz / 100 g de rábanos, en rodajas finas
- 3 pepinos libaneses o mini (9 oz / 250 g en total), pelados y cortados en dados de ⅔ de pulgada / 1,5 cm
- 2 cebollas verdes, en rodajas finas
- ½ oz / 15 g de menta fresca
- 1 oz / 25 g de perejil de hoja plana, picado en trozos grandes
- 1 cucharada de menta seca
- 2 dientes de ajo machacados
- 3 cucharadas de jugo de limón recién exprimido
- ¼ de taza / 60 ml de aceite de oliva, más un poco más para rociar
- 2 cucharadas de vinagre de sidra o vino blanco
- ¾ cucharadita de pimienta negra recién molida
- 1½ cucharadita de sal
- 1 cucharada de zumaque o más al gusto, para decorar

INSTRUCCIONES

a) Si usa yogur y leche, comience con al menos 3 horas y hasta un día de anticipación colocando ambos en un bol. Batir bien y dejar en lugar fresco o en el frigorífico hasta que se formen burbujas en la superficie. Lo que obtienes es una especie de suero de leche casero, pero menos ácido.

b) Corte el pan en trozos pequeños y colóquelo en un tazón grande para mezclar. Agrega tu mezcla de yogur fermentado o suero de leche comercial, seguido del resto de los ingredientes, mezcla bien y deja reposar 10 minutos para que se combinen todos los sabores.

c) Vierta el fattoush en tazones para servir, rocíe con un poco de aceite de oliva y decore generosamente con zumaque.

16. Ensalada de espinacas tiernas con dátiles y almendras

Hace: 4

INGREDIENTES

- 1 cucharada de vinagre de vino blanco
- ½ cebolla morada mediana, cortada en rodajas finas
- 3½ oz / 100 g de dátiles Medjool deshuesados, cortados en cuartos a lo largo
- 2 cucharadas / 30 g de mantequilla sin sal
- 2 cucharadas de aceite de oliva
- 2 pitas pequeñas, de aproximadamente 3½ oz / 100 g, cortadas aproximadamente en trozos de 1½ pulgadas / 4 cm
- ½ taza / 75 g de almendras enteras sin sal, picadas en trozos grandes
- 2 cucharaditas de zumaque
- ½ cucharadita de hojuelas de chile
- 5 oz / 150 g de hojas tiernas de espinaca
- 2 cucharadas de jugo de limón recién exprimido
- sal

INSTRUCCIONES

a) Pon el vinagre, la cebolla y los dátiles en un tazón pequeño. Agrega una pizca de sal y mezcla bien con las manos. Deje marinar durante 20 minutos, luego escurra el vinagre residual y deséchelo.

b) Mientras tanto, calienta la mantequilla y la mitad del aceite de oliva en una sartén mediana a fuego medio. Agrega la pita y las almendras y cocina de 4 a 6 minutos, revolviendo todo el tiempo, hasta que la pita esté crujiente y dorada. Retire del fuego y mezcle el zumaque, las hojuelas de chile y ¼ de cucharadita de sal. Dejar enfriar.

c) Cuando esté listo para servir, mezcle las hojas de espinaca con la mezcla de pita en un tazón grande. Agrega los dátiles y la cebolla morada, el resto del aceite de oliva, el jugo de limón y otra pizca de sal. Pruebe el condimento y sirva inmediatamente.

17. Berenjenas asadas con cebolla frita

Hace: 4

INGREDIENTES
- 2 berenjenas grandes, cortadas por la mitad a lo largo y con el tallo puesto (aproximadamente 1⅔ lb/750 g en total)
- ⅔ taza / 150 ml de aceite de oliva
- 4 cebollas (aproximadamente 1¼ lb / 550 g en total), en rodajas finas
- 1½ chiles verdes
- 1½ cucharadita de comino molido
- 1 cucharadita de zumaque
- 1¾ oz / 50 g de queso feta, partido en trozos grandes
- 1 limón mediano
- 1 diente de ajo, machacado
- sal y pimienta negra recién molida

INSTRUCCIONES

a) Precalienta el horno a 425°F / 220°C.
b) Marque el lado cortado de cada berenjena con un patrón entrecruzado. Unte los lados cortados con 6½ cucharadas / 100 ml de aceite y espolvoree abundantemente con sal y pimienta. Colóquelos en una bandeja para hornear, con el lado cortado hacia arriba y ase en el horno durante unos 45 minutos, hasta que la pulpa esté dorada y completamente cocida.
c) Mientras se asan las berenjenas, agregue el aceite restante a una sartén grande y colóquela a fuego alto. Agregue las cebollas y ½ cucharadita de sal y cocine durante 8 minutos, revolviendo con frecuencia, para que partes de la cebolla se pongan muy oscuras y crujientes. Quita las semillas y pica los chiles, manteniendo el entero separado de la mitad. Agregue el comino molido, el zumaque y el chile entero picado y cocine por 2 minutos más antes de agregar el queso feta. Cocine por un último minuto, sin revolver mucho, luego retire del fuego.
d) Utilice un cuchillo de sierra pequeño para quitar la piel y la médula del limón. Pique la pulpa en trozos grandes, deseche las semillas y coloque la pulpa y el jugo en un bol con el ½ chile restante y el ajo.
e) Montar el plato en cuanto las berenjenas estén listas. Transfiera las mitades asadas a una fuente para servir y vierta la salsa de limón sobre la pulpa. Calentar un poco las cebollas y echarlas con una cuchara. Sirva caliente o reserve para que alcance la temperatura ambiente.

18. Calabaza asada con za'atar

Hace: 4
INGREDIENTES
- 1 calabaza grande (2½ lb / 1,1 kg en total), cortada en gajos de ¾ por 2½ pulgadas / 2 por 6 cm
- 2 cebollas moradas, cortadas en gajos de 3 cm / 1¼ de pulgada
- 3½ cucharadas / 50 ml de aceite de oliva
- 3½ cucharadas de pasta tahini ligera
- 1½ cucharada de jugo de limón
- 2 cucharadas de agua
- 1 diente de ajo pequeño, machacado
- 3½ cucharadas / 30 g de piñones
- 1 cucharada de za'atar
- 1 cucharada de perejil de hoja plana picado en trozos grandes
- Sal marina maldon y pimienta negra recién molida

INSTRUCCIONES

a) Precalienta el horno a 475°F / 240°C.
b) Coloque la calabaza y la cebolla en un tazón grande, agregue 3 cucharadas de aceite, 1 cucharadita de sal y un poco de pimienta negra y revuelva bien. Extienda sobre una bandeja para hornear con la piel hacia abajo y ase en el horno durante 30 a 40 minutos, hasta que las verduras hayan tomado algo de color y estén bien cocidas. Esté atento a las cebollas, ya que pueden cocinarse más rápido que la calabaza y es necesario retirarlas antes. Sacar del horno y dejar enfriar.
c) Para hacer la salsa, coloca el tahini en un tazón pequeño junto con el jugo de limón, el agua, el ajo y ¼ de cucharadita de sal. Batir hasta que la salsa tenga la consistencia de miel, agregando más agua o tahini si es necesario.
d) Vierta la 1½ cucharadita de aceite restante en una sartén pequeña y colóquela a fuego medio-bajo. Agregue los piñones junto con ½ cucharadita de sal y cocine por 2 minutos, revolviendo con frecuencia, hasta que las nueces estén doradas. Retirar del fuego y transferir las nueces y el aceite a un tazón pequeño para detener la cocción.
e) Para servir, extienda las verduras en una fuente grande y rocíe sobre el tahini. Espolvorear por encima los piñones y su aceite, seguido del za'atar y el perejil.

19. Kuku de habas

Hace: 6

INGREDIENTES
- 1 libra / 500 g de habas, frescas o congeladas
- 5 cucharadas / 75 ml de agua hirviendo
- 2 cucharadas de azúcar extrafina
- 5 cucharadas / 45 g de agracejo seco
- 3 cucharadas de crema espesa
- ¼ cucharadita de hebras de azafrán
- 2 cucharadas de agua fría
- 5 cucharadas de aceite de oliva
- 2 cebollas medianas, finamente picadas
- 4 dientes de ajo machacados
- 7 huevos grandes de gallinas camperas
- 1 cucharada de harina para todo uso
- ½ cucharadita de polvo para hornear
- 1 taza / 30 g de eneldo picado
- ½ taza / 15 g de menta, picada
- sal y pimienta negra recién molida

INSTRUCCIONES

a) Precalienta el horno a 350°F / 180°C. Pon las habas en una cacerola con abundante agua hirviendo. Cocine a fuego lento durante 1 minuto, escurra, refresque con agua fría y reserve.

b) Vierta las 5 cucharadas / 75 ml de agua hirviendo en un tazón mediano, agregue el azúcar y revuelva para que se disuelva. Una vez que este almíbar esté tibio, agregue los agracejos y déjelos por unos 10 minutos, luego escurra.

c) Pon a hervir la nata, el azafrán y el agua fría en una cacerola pequeña. Retirar inmediatamente del fuego y dejar reposar durante 30 minutos para infundir.

d) Calienta 3 cucharadas de aceite de oliva a fuego medio en una sartén antiadherente para horno de 10 pulgadas / 25 cm que tenga tapa. Agregue las cebollas y cocine durante unos 4 minutos, revolviendo ocasionalmente, luego agregue el ajo y

cocine y revuelva durante 2 minutos más. Agregue las habas y reserve.
e) Batir bien los huevos en un tazón grande hasta que estén espumosos. Agrega la harina, el polvo para hornear, la crema de azafrán, las hierbas, 1½ cucharaditas de sal y ½ cucharadita de pimienta y bate bien. Finalmente, agregue los agracejos y la mezcla de habas y cebolla.
f) Limpia la sartén, agrega el aceite de oliva restante y colócala en el horno durante 10 minutos para que se caliente bien. Vierta la mezcla de huevo en la sartén caliente, cubra con la tapa y hornee por 15 minutos. Retire la tapa y hornee por otros 20 a 25 minutos, hasta que los huevos estén listos. Retirar del horno y dejar reposar durante 5 minutos, antes de invertirlo en una fuente para servir. Servir tibio o a temperatura ambiente.

Ensalada De Alcachofas Crudas Y Hierbas

20. Ensalada cruda de alcachofas y hierbas

Hace: 2

INGREDIENTES
- 2 o 3 alcachofas grandes (1½ lb / 700 g en total)
- 3 cucharadas de jugo de limón recién exprimido
- 4 cucharadas de aceite de oliva
- 2 tazas / 40 g de rúcula
- ½ taza / 15 g de hojas de menta trituradas
- ½ taza / 15 g de hojas de cilantro trituradas
- 1 oz / 30 g de queso pecorino toscano o romano, finamente rallado
- Sal marina maldon y pimienta negra recién molida

INSTRUCCIONES

a) Prepara un bol con agua mezclada con la mitad del jugo de limón. Retire el tallo de 1 alcachofa y retire las hojas exteriores duras. Una vez que llegue a las hojas más suaves y pálidas, use un cuchillo grande y afilado para cortar la flor hasta que le quede el cuarto inferior. Utilice un cuchillo pequeño y afilado o un pelador de verduras para quitar las capas exteriores de la alcachofa hasta que la base o el fondo quede expuesto. Quite el "estrangulador" peludo y ponga la base en el agua acidulada. Deseche el resto y repita con las otras alcachofas.

b) Escurre las alcachofas y sécalas con toallas de papel. Con una mandolina o un cuchillo grande y afilado, corte las alcachofas en rodajas finas como papel y transfiéralas a un tazón grande para mezclar. Exprima el jugo de limón restante, agregue el aceite de oliva y revuelva bien para cubrir. Puedes dejar la alcachofa hasta unas horas si quieres, a temperatura ambiente. Cuando esté listo para servir, agregue la rúcula, la menta y el cilantro a la alcachofa y sazone con ¼ de cucharadita generosa de sal y abundante pimienta negra recién molida.

c) Mezcle suavemente y colóquelo en platos para servir. Adorne con las virutas de queso pecorino.

21. Ensalada Mixta De Frijoles

Hace: 4

INGREDIENTES

- 10 oz / 280 g de judías amarillas, cortadas (si no están disponibles, duplique la cantidad de judías verdes)
- 280 g / 10 oz de judías verdes, cortadas
- 2 pimientos rojos, cortados en tiras de ¼ de pulgada / 0,5 cm
- 3 cucharadas de aceite de oliva, más 1 cucharadita para los pimientos
- 3 dientes de ajo, en rodajas finas
- 6 cucharadas / 50 g de alcaparras, enjuagadas y secas
- 1 cucharadita de semillas de comino
- 2 cucharaditas de semillas de cilantro
- 4 cebollas verdes, en rodajas finas
- ⅓ taza / 10 g de estragón, picado en trozos grandes
- ⅔ taza / 20 g de hojas de perifollo picadas (o una mezcla de eneldo picado y perejil rallado)
- ralladura de 1 limón
- sal y pimienta negra recién molida

INSTRUCCIONES

a) Precalienta el horno a 450°F / 220°C.
b) Pon a hervir una cacerola grande con abundante agua y agrega los frijoles amarillos. Después de 1 minuto, agregue las judías verdes y cocine por otros 4 minutos, o hasta que las judías estén bien cocidas pero aún crujientes. Refresque con agua helada, escurra, seque y coloque en un tazón grande para mezclar.
c) Mientras tanto, mezcle los pimientos con 1 cucharadita de aceite, extiéndalos en una bandeja para hornear y colóquelos en el horno durante 5 minutos o hasta que estén tiernos. Retirar del horno y añadir al bol con los frijoles cocidos.
d) Calienta las 3 cucharadas de aceite de oliva en una cacerola pequeña. Agrega el ajo y cocina por 20 segundos; añade las alcaparras (¡cuidado que escupen!) y sofríe otros 15 segundos. Agrega las semillas de comino y cilantro y continúa friendo por otros 15 segundos. El ajo ya debería estar dorado. Retirar del fuego y verter inmediatamente el contenido de la cacerola sobre los frijoles. Mezcle y agregue las cebollas verdes, las hierbas, la ralladura de limón, ¼ de cucharadita generosa de sal y pimienta negra.
e) Sirva o manténgalo refrigerado hasta por un día. Solo recuerde volver a ponerlo a temperatura ambiente antes de servir.

22. Albóndigas de puerro al limón

Rinde: 4 COMO PRINCIPAL
INGREDIENTES
- 6 puerros grandes recortados (aproximadamente 1¾ lb / 800 g en total)
- 9 oz / 250 g de carne molida
- 1 taza / 90 g de pan rallado
- 2 huevos grandes de gallinas camperas
- 2 cucharadas de aceite de girasol
- ¾ a 1¼ tazas / 200 a 300 ml de caldo de pollo
- ⅓ taza / 80 ml de jugo de limón recién exprimido (unos 2 limones)
- ⅓ taza / 80 g de yogur griego
- 1 cucharada de perejil de hoja plana finamente picado
- sal y pimienta negra recién molida

INSTRUCCIONES

a) Corta los puerros en rodajas de ¾ de pulgada / 2 cm y cocínalos al vapor durante aproximadamente 20 minutos, hasta que estén completamente suaves. Escurrir y dejar enfriar, luego exprimir el agua residual con un paño de cocina. Procese los puerros en un procesador de alimentos pulsando varias veces hasta que estén bien picados pero no blandos. Coloque los puerros en un tazón grande, junto con la carne, el pan rallado, los huevos, 1¼ cucharadita de sal y 1 cucharadita de pimienta negra. Forme hamburguesas planas con la mezcla, de aproximadamente 2¾ por ¾ pulgadas / 7 por 2 cm; esto debería hacer 8. Refrigere durante 30 minutos.

b) Calienta el aceite a fuego medio-alto en una sartén grande de fondo grueso que tenga tapa. Dorar las hamburguesas por ambos lados hasta que estén doradas; Esto se puede hacer en lotes si es necesario.

c) Limpia la sartén con una toalla de papel y luego coloca las albóndigas en el fondo, superponiéndolas ligeramente si es necesario. Vierta suficiente caldo para cubrir casi, pero no del todo, las hamburguesas. Agrega el jugo de limón y ½ cucharadita de sal. Llevar a ebullición, luego tapar y cocinar a fuego lento durante 30 minutos. Retire la tapa y cocine por unos minutos más, si es necesario, hasta que casi todo el líquido se haya evaporado. Retire la sartén del fuego y déjela enfriar.

d) Sirve las albóndigas tibias o a temperatura ambiente, con una cucharada de yogur y una pizca de perejil.

23. Hannukah Ensalada De Colinabo

Hace: 4

INGREDIENTES
- 3 colinabos medianos (1⅔ lb / 750 g en total)
- ⅓ taza / 80 g de yogur griego
- 5 cucharadas / 70 g de crema agria
- 3 cucharadas de queso mascarpone
- 1 diente de ajo pequeño, machacado
- 1½ cucharadita de jugo de limón recién exprimido
- 1 cucharada de aceite de oliva
- 2 cucharadas de menta fresca finamente rallada
- 1 cucharadita de menta seca
- unas 12 ramitas / 20 g de berros tiernos
- ¼ cucharadita de zumaque
- sal y pimienta blanca

INSTRUCCIONES

a) Pele las colinabos, córtelas en dados de 1,5 cm / ⅔ de pulgada y colóquelas en un tazón grande para mezclar. Reserva y prepara el aderezo.

b) Pon el yogur, la crema agria, el mascarpone, el ajo, el jugo de limón y el aceite de oliva en un tazón mediano. Agregue ¼ de cucharadita de sal y una pizca saludable de pimienta y bata hasta que quede suave. Agrega el aderezo al colinabo, seguido de la menta fresca y seca y la mitad de los berros.

c) Revuelva suavemente y luego colóquelo en una fuente para servir. Ponga encima los berros restantes y espolvoree con el zumaque.

24. Ensalada de tubérculos con labneh

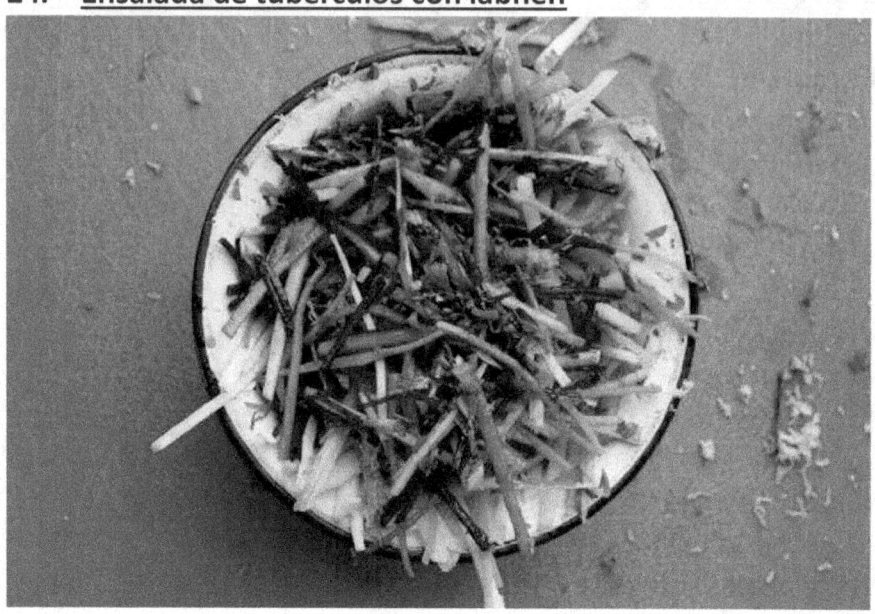

Hace: 6

INGREDIENTES
- 3 remolachas medianas (1 lb / 450 g en total)
- 2 zanahorias medianas (9 oz / 250 g en total)
- ½ raíz de apio (300 g / 10 oz en total)
- 1 colinabo mediano (9 oz / 250 g en total)
- 4 cucharadas de jugo de limón recién exprimido
- 4 cucharadas de aceite de oliva
- 3 cucharadas de vinagre de jerez
- 2 cucharaditas de azúcar extrafina
- ¾ taza / 25 g de hojas de cilantro, picadas en trozos grandes
- ¾ taza / 25 g de hojas de menta, ralladas
- ⅔ taza / 20 g de hojas de perejil de hoja plana, picadas en trozos grandes
- ½ cucharada de ralladura de limón
- 1 taza / 200 g de labneh (comprado en la tienda over receta)
- sal y pimienta negra recién molida
- Pele todas las verduras y córtelas en rodajas finas, aproximadamente 1/16 de chile picante pequeño, finamente picado.

INSTRUCCIONES
a) Coloca el jugo de limón, el aceite de oliva, el vinagre, el azúcar y 1 cucharadita de sal en una cacerola pequeña. Llevar a fuego lento y remover hasta que el azúcar y la sal se hayan disuelto. Retirar del fuego.

b) Escurre las tiras de verduras y transfiérelas a una toalla de papel para que se sequen bien. Seca el bol y reemplaza las verduras. Vierte el aderezo caliente sobre las verduras, mezcla bien y deja enfriar. Colocar en el frigorífico durante al menos 45 minutos.

c) Cuando esté listo para servir, agregue las hierbas, la ralladura de limón y 1 cucharadita de pimienta negra a la ensalada. Revuelva bien, pruebe y agregue más sal si es necesario. Apilar en platos para servir y servir con un poco de labneh a un lado.

25. Tomates fritos con ajo

Rinde: 2 a 4

INGREDIENTES
- 3 dientes de ajo grandes, machacados
- ½ chile picante pequeño, finamente picado
- 2 cucharadas de perejil de hoja plana picado
- 3 tomates grandes, maduros pero firmes (aproximadamente 1 libra/450 g en total)
- 2 cucharadas de aceite de oliva
- Sal marina maldon y pimienta negra recién molida
- pan rústico, para servir

INSTRUCCIONES

a) Mezcle el ajo, el chile y el perejil picado en un tazón pequeño y reserve. Cubra y coloque la cola sobre los tomates y córtelos verticalmente en rodajas de aproximadamente ⅔ de pulgada / 1,5 cm de grosor.

b) Calienta el aceite en una sartén grande a fuego medio. Agrega las rodajas de tomate, sazona con sal y pimienta y cocina durante aproximadamente 1 minuto, luego voltea, sazona nuevamente con sal y pimienta y espolvorea con la mezcla de ajo. Continúe cocinando durante aproximadamente un minuto más, agitando la sartén de vez en cuando, luego voltee las rebanadas nuevamente y cocine por unos segundos más, hasta que estén suaves pero no blandas.

c) Voltee los tomates en un plato para servir, vierta sobre el jugo de la sartén y sirva inmediatamente, acompañado con el pan.

26. Puré de remolacha con yogur y za'atar

Hace: 6
INGREDIENTES
- 900 g / 2 lb de remolacha mediana (aproximadamente 500 g / 1 lb en total después de cocinarla y pelarla)
- 2 dientes de ajo machacados
- 1 chile rojo pequeño, sin semillas y finamente picado
- redondeado 1 taza / 250 g de yogur griego
- 1½ cucharada de sirope de dátiles
- 3 cucharadas de aceite de oliva, más un poco más para terminar el plato
- 1 cucharada de za'atar
- sal
- ADORNAR
- 2 cebollas verdes, en rodajas finas
- 2 cucharadas / 15 g de avellanas tostadas, trituradas en trozos grandes
- 2 oz / 60 g de queso de leche de cabra tierno, desmenuzado

INSTRUCCIONES

a) Precalienta el horno a 400°F / 200°C.

b) Lavar las remolachas y colocarlas en una fuente para horno. Mételos en el horno y cocínalos, sin tapar, hasta que un cuchillo se deslice fácilmente hacia el centro, aproximadamente 1 hora. Una vez que estén lo suficientemente frías para manipularlas, pela las remolachas y corta cada una en aproximadamente 6 trozos. Dejar enfriar.

c) Coloque las remolachas, el ajo, el chile y el yogur en un procesador de alimentos y mezcle hasta obtener una pasta suave. Transfiera a un tazón grande y agregue el almíbar de dátiles, el aceite de oliva, el za'atar y 1 cucharadita de sal. Pruebe y agregue más sal si lo desea.

d) Transfiera la mezcla a un plato plano para servir y use el dorso de una cuchara para esparcirla por el plato. Esparcir las cebolletas, las avellanas y el queso por encima y finalmente rociar con un poco de aceite. Servir a temperatura ambiente.

27. Buñuelos de acelgas

Rinde: 4 COMO PRINCIPAL

INGREDIENTES

- 14 oz / 400 g de hojas de acelgas, sin los tallos blancos
- 1 oz / 30 g de perejil de hoja plana
- ⅔ oz / 20 g de cilantro
- ⅔ oz / 20 g de eneldo
- 1½ cucharadita de nuez moscada rallada
- ½ cucharadita de azúcar
- 3 cucharadas de harina para todo uso
- 2 dientes de ajo machacados
- 2 huevos grandes de gallinas camperas
- 3 oz / 80 g de queso feta, partido en trozos pequeños
- 4 cucharadas / 60 ml de aceite de oliva
- 1 limón, cortado en 4 gajos
- sal y pimienta negra recién molida

INSTRUCCIONES

a) Lleve a ebullición una cacerola grande con agua con sal, agregue las acelgas y cocine a fuego lento durante 5 minutos. Escurre las hojas y exprímelas bien hasta que estén completamente secas. Colóquelo en un procesador de alimentos junto con las hierbas, la nuez moscada, el azúcar, la harina, el ajo, los huevos, ¼ de cucharadita generosa de sal y un poco de pimienta negra. Mezcle hasta que quede suave y luego incorpore el queso feta a la mezcla con la mano.

b) Vierta 1 cucharada de aceite en una sartén mediana. Coloque a fuego medio-alto y vierta una cucharada colmada de la mezcla por cada buñuelo. Presione suavemente hacia abajo para obtener un buñuelo de 2¾ pulgadas / 7 cm de ancho y ⅜ de pulgada / 1 cm de grosor. Debería poder colocar unos 3 buñuelos a la vez. Cocine los buñuelos durante 3 a 4 minutos en total, volteándolos una vez, hasta que adquieran algo de color.

c) Transfiera a toallas de papel, luego mantenga cada lote caliente mientras cocina la mezcla restante, agregando el aceite restante según sea necesario. Servir inmediatamente con las rodajas de limón.

28. Ensalada de garbanzos y verduras especiadas

Hace: 4

INGREDIENTES
- ½ taza / 100 g de garbanzos secos
- 1 cucharadita de bicarbonato de sodio
- 2 pepinos pequeños (10 oz / 280 g en total)
- 2 tomates grandes (10½ oz / 300 g en total)
- 8½ oz / 240 g de rábanos
- 1 pimiento rojo, sin semillas y sin costillas
- 1 cebolla morada pequeña, pelada
- ⅔ oz / 20 g de hojas y tallos de cilantro, picados en trozos grandes
- ½ oz / 15 g de perejil de hoja plana, picado en trozos grandes
- 6 cucharadas / 90 ml de aceite de oliva
- ralladura de 1 limón, más 2 cucharadas de jugo
- 1½ cucharada de vinagre de jerez
- 1 diente de ajo, machacado
- 1 cucharadita de azúcar extrafina
- 1 cucharadita de cardamomo molido
- 1½ cucharadita de pimienta de Jamaica molida
- 1 cucharadita de comino molido
- yogur griego (opcional)
- sal y pimienta negra recién molida

INSTRUCCIONES

a) Remojar los garbanzos secos durante la noche en un bol grande con abundante agua fría y bicarbonato de sodio. Al día siguiente, escurrir, colocar en una cacerola grande y cubrir con agua el doble del volumen de los garbanzos. Llevar a ebullición y cocinar a fuego lento, quitando la espuma, durante aproximadamente una hora, hasta que esté completamente tierno, luego escurrir.

b) Corta el pepino, el tomate, el rábano y el pimiento en dados de 1,5 cm / ⅔ de pulgada; Corta la cebolla en dados de ¼ de pulgada / 0,5 cm. Mezclar todo en un bol con el cilantro y el perejil.

c) En un frasco o recipiente con cierre, mezcle 5 cucharadas / 75 ml de aceite de oliva, el jugo y la ralladura de limón, el vinagre, el ajo y el azúcar y mezcle bien para formar un aderezo, luego sazone al gusto con sal y pimienta. Vierta el aderezo sobre la ensalada y revuelva ligeramente.

d) Mezcle el cardamomo, la pimienta de Jamaica, el comino y ¼ de cucharadita de sal y extiéndalo en un plato. Mezcle los garbanzos cocidos en la mezcla de especias en varias tandas para cubrir bien. Calentar el aceite de oliva restante en una sartén a fuego medio y sofreír los garbanzos durante 2 a 3 minutos, agitando suavemente la sartén para que se cocinen uniformemente y no se peguen. Manténgase caliente.

e) Divida la ensalada en cuatro platos, colóquela en un círculo grande y vierta los garbanzos tibios y especiados encima, manteniendo el borde de la ensalada despejado. Puedes rociar un poco de yogur griego encima para que la ensalada quede cremosa.

29. Berenjena Chermoula con Bulgur y Yogur

Rinde: 4 COMO PLATO PRINCIPAL

INGREDIENTES
- 2 dientes de ajo machacados
- 2 cucharaditas de comino molido
- 2 cucharaditas de cilantro molido
- 1 cucharadita de hojuelas de chile
- 1 cucharadita de pimentón dulce
- 2 cucharadas de cáscara de limón en conserva finamente picada (comprada en la tienda over receta)
- ⅔ taza / 140 ml de aceite de oliva, más extra para terminar
- 2 berenjenas medianas
- 1 taza / 150 g de bulgur fino
- ⅔ taza / 140 ml de agua hirviendo
- ⅓ taza / 50 g de pasas doradas
- 3½ cucharadas / 50 ml de agua tibia
- ⅓ oz / 10 g de cilantro, picado, más un poco más para terminar
- ⅓ oz / 10 g de menta, picada
- ⅓ taza / 50 g de aceitunas verdes deshuesadas, partidas por la mitad
- ⅓ taza / 30 g de almendras rebanadas, tostadas
- 3 cebollas verdes, picadas
- 1½ cucharada de jugo de limón recién exprimido
- ½ taza / 120 g de yogur griego
- sal

INSTRUCCIONES
a) Precalienta el horno a 400°F / 200°C.
b) Para hacer la chermoula, mezcle en un tazón pequeño el ajo, el comino, el cilantro, el chile, el pimentón, el limón en conserva, dos tercios del aceite de oliva y ½ cucharadita de sal.
c) Corta las berenjenas por la mitad a lo largo. Marque la pulpa de cada mitad con marcas profundas y diagonales entrecruzadas, asegurándose de no perforar la piel. Coloque la chermoula sobre cada mitad, distribuyéndola uniformemente y colóquela en una

bandeja para hornear con el lado cortado hacia arriba. Mete al horno y asa por 40 minutos, o hasta que las berenjenas estén completamente blandas.
d) Mientras tanto, coloque el bulgur en un bol grande y cúbralo con agua hirviendo.
e) Remoja las pasas en agua tibia. Pasados los 10 minutos, escurre las pasas y añádelas al bulgur, junto con el resto del aceite. Agrega las hierbas, las aceitunas, las almendras, las cebollas verdes, el jugo de limón y una pizca de sal y revuelve para combinar. Prueba y agregue más sal si es necesario.
f) Sirve las berenjenas calientes o a temperatura ambiente. Coloque ½ berenjena, con el lado cortado hacia arriba, en cada plato individual. Coloque el bulgur encima, dejando que un poco caiga por ambos lados. Vierta un poco de yogur, espolvoree con cilantro y termine con un chorrito de aceite.

30. Coliflor frita con tahini

Hace: 6

INGREDIENTES
- 2 tazas / 500 ml de aceite de girasol
- 2 cabezas de coliflor medianas (2¼ lb / 1 kg en total), divididas en floretes pequeños
- 8 cebollas verdes, cada una dividida en 3 gajos largos
- ¾ taza / 180 g de pasta tahini light
- 2 dientes de ajo machacados
- ¼ de taza / 15 g de perejil de hoja plana, picado
- ¼ de taza / 15 g de menta picada, más un poco más para terminar
- ⅔ taza / 150 g de yogur griego
- ¼ de taza / 60 ml de jugo de limón recién exprimido, más ralladura de 1 limón
- 1 cucharadita de melaza de granada, más un poco más para terminar
- aproximadamente ¾ de taza / 180 ml de agua
- Sal marina maldon y pimienta negra recién molida

INSTRUCCIONES

a) Calienta el aceite de girasol en una cacerola grande colocada a fuego medio-alto. Con un par de pinzas de metal o una cuchara de metal, coloque con cuidado algunos floretes de coliflor a la vez en el aceite y cocínelos durante 2 a 3 minutos, dándoles la vuelta para que adquieran un color uniforme. Una vez que estén dorados, use una espumadera para levantar los floretes y colocarlos en un colador para escurrirlos. Espolvorea con un poco de sal. Continuar en tandas hasta terminar toda la coliflor. A continuación, fríe las cebolletas en tandas, pero solo durante 1 minuto aproximadamente. Agréguelo a la coliflor. Deja que ambos se enfríen un poco.

b) Vierta la pasta de tahini en un tazón grande y agregue el ajo, las hierbas picadas, el yogur, el jugo y la ralladura de limón, la melaza de granada y un poco de sal y pimienta. Revuelve bien con una cuchara de madera mientras agregas el agua. La salsa tahini se espesará y luego se aflojará a medida que agregue agua. No agregue demasiado, solo lo suficiente para obtener una consistencia espesa pero suave que se pueda verter, un poco como la miel.

c) Agrega la coliflor y las cebolletas al tahini y revuelve bien. Prueba y ajusta el sazón. Quizás también quieras agregar más jugo de limón.

d) Para servir, vierta en un tazón y termine con unas gotas de melaza de granada y un poco de menta.

31. Ensalada De Coliflor Asada Y Avellanas

Rinde: 2 A 4

INGREDIENTES

- 1 cabeza de coliflor, partida en floretes pequeños (1½ lb / 660 g en total)
- 5 cucharadas de aceite de oliva
- 1 tallo de apio grande, cortado en ángulo en rodajas de ¼ de pulgada/0,5 cm (⅔ de taza/70 g en total)
- 5 cucharadas / 30 g de avellanas, con piel
- ⅓ taza / 10 g de hojas pequeñas de perejil de hoja plana, recogidas
- ⅓ taza / 50 g de semillas de granada (de aproximadamente ½ granada mediana)
- generosa ¼ cucharadita de canela molida
- generoso ¼ cucharadita de pimienta de Jamaica molida
- 1 cucharada de vinagre de jerez
- 1½ cucharadita de jarabe de arce
- sal y pimienta negra recién molida

INSTRUCCIONES

a) Precalienta el horno a 425°F / 220°C.
b) Mezcla la coliflor con 3 cucharadas de aceite de oliva, ½ cucharadita de sal y un poco de pimienta negra. Extienda en una fuente para hornear y ase en la rejilla superior del horno durante 25 a 35 minutos, hasta que la coliflor esté crujiente y algunas partes se hayan dorado. Transfiera a un tazón grande para mezclar y reserve para que se enfríe.
c) Disminuye la temperatura del horno a 325°F / 170°C. Extienda las avellanas en una bandeja para hornear forrada con papel pergamino y ase durante 17 minutos.
d) Deja que las nueces se enfríen un poco, luego pícalas en trozos grandes y agrégalas a la coliflor, junto con el resto del aceite y el resto de los ingredientes. Revuelva, pruebe y sazone con sal y pimienta en consecuencia. Servir a temperatura ambiente.

32. A'ja (buñuelos de pan)

Rinde: UNAS 8 FRITTERS

INGREDIENTES
- 4 rebanadas de pan blanco, sin corteza (3 oz / 80 g en total)
- 4 huevos camperos extra grandes
- 1½ cucharadita de comino molido
- ½ cucharadita de pimentón dulce
- ¼ cucharadita de pimienta de cayena
- 1 oz / 25 g de cebollino picado
- 1 oz / 25 g de perejil de hoja plana, picado
- ⅓ oz / 10 g de estragón, picado
- 1½ oz / 40 g de queso feta, desmenuzado
- aceite de girasol, para freír
- sal y pimienta negra recién molida

INSTRUCCIONES

a) Remojar el pan en abundante agua fría durante 1 minuto y luego exprimirlo bien.

b) Desmenuza el pan remojado en un tazón mediano, luego agrega los huevos, las especias, ½ cucharadita de sal y ¼ de cucharadita de pimienta y bate bien. Incorpora las hierbas picadas y el queso feta.

c) Calienta 1 cucharada de aceite en una sartén mediana a fuego medio-alto. Vierta aproximadamente 3 cucharadas de la mezcla en el centro de la sartén para cada buñuelo y aplánelo con la parte inferior de la cuchara; Los buñuelos deben tener un grosor de ¾ a 1¼ pulgadas / 2 a 3 cm. Freír los buñuelos de 2 a 3 minutos por cada lado, hasta que estén dorados. Repita con la masa restante. Deberías obtener unos 8 buñuelos.

d) Alternativamente, puedes freír toda la masa de una vez, como lo harías con una tortilla grande. Cortar y servir tibio o a temperatura ambiente.

33. Ensalada picante de zanahoria

Hace: 4

INGREDIENTES
- 6 zanahorias grandes, peladas (aproximadamente 1½ lb / 700 g en total)
- 3 cucharadas de aceite de girasol
- 1 cebolla grande, finamente picada (2 tazas/300 g en total)
- 1 cucharadaPilpelchumao 2 cucharadas de harissa (comprada en la tienda over receta)
- ½ cucharadita de comino molido
- ½ cucharadita de semillas de alcaravea, recién molidas
- ½ cucharadita de azúcar
- 3 cucharadas de vinagre de sidra
- 1½ tazas / 30 g de hojas de rúcula
- sal

INSTRUCCIONES

a) Coloque las zanahorias en una cacerola grande, cúbralas con agua y déjelas hervir. Baje el fuego, tape y cocine durante unos 20 minutos, hasta que las zanahorias estén tiernas. Escurrir y, una vez que esté lo suficientemente frío como para manipularlo, cortarlo en rodajas de ¼ de pulgada / 0,5 cm.

b) Mientras se cocinan las zanahorias, calienta la mitad del aceite en una sartén grande. Agrega la cebolla y cocina a fuego medio durante 10 minutos, hasta que esté dorada.

c) Vierta la cebolla frita en un tazón grande y agregue el pilpelchuma, el comino, la alcaravea, ¾ de cucharadita de sal, el azúcar, el vinagre y el aceite restante. Agrega las zanahorias y revuelve bien. Dejar reposar durante al menos 30 minutos para que maduren los sabores.

d) Coloca la ensalada en un plato grande, salpicando con la rúcula a medida que avanzas.

34. **Hannukah**shakshuka

Rinde: 2 A 4

INGREDIENTES
- 2 cucharadas de aceite de oliva
- 2 cucharadasPilpelchumao harissa (comprada en la tienda over receta)
- 2 cucharaditas de pasta de tomate
- 2 pimientos rojos grandes, cortados en dados de ¼ de pulgada/0,5 cm (2 tazas/300 g en total)
- 4 dientes de ajo, finamente picados
- 1 cucharadita de comino molido
- 5 tomates grandes, muy maduros, picados (5 tazas/800 g en total); enlatados también están bien
- 4 huevos grandes de gallinas camperas, más 4 yemas de huevo
- ½ taza / 120 g de labneh (comprado en la tienda over receta) o yogur espeso
- sal

INSTRUCCIONES

a) Calienta el aceite de oliva en una sartén grande a fuego medio y agrega la pilpelchuma o harissa, la pasta de tomate, los pimientos, el ajo, el comino y ¾ de cucharadita de sal. Revuelva y cocine a fuego medio durante unos 8 minutos para permitir que los pimientos se ablanden. Agregue los tomates, cocine a fuego lento y cocine por 10 minutos más hasta obtener una salsa bastante espesa. Gusto por sazonar.

b) Haga 8 pequeñas salsas en la salsa. Rompe los huevos con cuidado y vierte con cuidado cada uno en su propia salsa. Haz lo mismo con las yemas. Con un tenedor, mezcle un poco las claras con la salsa, teniendo cuidado de no romper las yemas. Cocine a fuego lento durante 8 a 10 minutos, hasta que las claras estén cuajadas pero las yemas aún líquidas (puede cubrir la sartén con una tapa si desea acelerar el proceso).

c) Retirar del fuego, dejar reposar un par de minutos, luego verter en platos individuales y servir con el labneh o el yogur.

35. Crema de calabaza y tahini

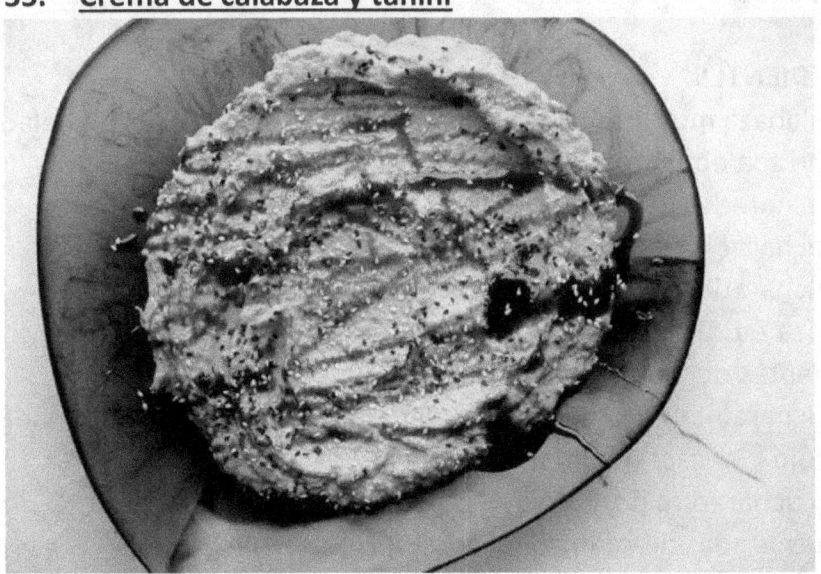

Rinde: 6 A 8

INGREDIENTES
- 1 calabaza muy grande (aproximadamente 2½ lb / 1,2 kg), pelada y cortada en trozos (7 tazas / 970 g en total)
- 3 cucharadas de aceite de oliva
- 1 cucharadita de canela molida
- 5 cucharadas / 70 g de pasta tahini ligera
- ½ taza / 120 g de yogur griego
- 2 dientes de ajo pequeños, machacados
- 1 cucharadita de semillas de sésamo blancas y negras mezcladas (o solo blancas, si no tienes negras)
- 1½ cucharadita de sirope de dátiles
- 2 cucharadas de cilantro picado (opcional)
- sal

INSTRUCCIONES
a) Precalienta el horno a 400°F / 200°C.
b) Extienda la calabaza en una fuente para hornear mediana. Vierta sobre el aceite de oliva y espolvoree la canela y ½ cucharadita de sal. Mezcle bien, cubra bien la sartén con papel de aluminio y ase en el horno durante 70 minutos, revolviendo una vez durante la cocción. Sacar del horno y dejar enfriar.
c) Transfiera la calabaza a un procesador de alimentos, junto con el tahini, el yogur y el ajo. Pulse bruscamente para que todo se combine hasta formar una pasta gruesa, sin que la pasta se vuelva suave; También puedes hacerlo a mano con un tenedor o un machacador de patatas.
d) Extienda la nuez en forma ondulada sobre un plato plano y espolvoree con las semillas de sésamo, rocíe sobre el almíbar y termine con el cilantro, si lo usa.

36. Ensalada picante de remolacha, puerro y nueces

INGREDIENTES

- 4 remolachas medianas (⅓ lb / 600 g en total después de cocinarlas y pelarlas)
- 4 puerros medianos, cortados en gajos de 10 cm / 4 pulgadas (4 tazas / 360 g en total)
- ½ oz / 15 g de cilantro, picado en trozos grandes
- 1¼ tazas / 25 g de rúcula
- ⅓ taza / 50 g de semillas de granada (opcional)
- VENDAJE
- 1 taza / 100 g de nueces, picadas en trozos grandes
- 4 dientes de ajo, finamente picados
- ½ cucharadita de hojuelas de chile
- ¼ de taza / 60 ml de vinagre de sidra
- 2 cucharadas de agua de tamarindo
- ½ cucharadita de aceite de nuez
- 2½ cucharadas de aceite de maní
- 1 cucharadita de sal

INSTRUCCIONES

a) Precalienta el horno a 425°F / 220°C.

b) Envuelve las remolachas individualmente en papel de aluminio y ástalas en el horno durante 1 a 1½ horas, dependiendo de su tamaño. Una vez cocido, deberías poder clavar fácilmente un cuchillo pequeño en el centro. Retirar del horno y dejar enfriar.

c) Una vez que estén lo suficientemente frías para manipularlas, pela las remolachas, córtalas por la mitad y corta cada mitad en gajos de ⅜ de pulgada / 1 cm de grosor en la base. Poner en un tazón mediano y reservar.

d) Coloque los puerros en una cacerola mediana con agua con sal, déjelos hervir y cocine a fuego lento durante 10 minutos, hasta que estén cocidos; es importante cocinarlos a fuego lento y no cocinarlos demasiado para que no se deshagan. Escurrir y refrescar con agua fría, luego usar un cuchillo de sierra muy afilado para cortar cada segmento en 3 trozos más pequeños y secar. Transfiera a un bol, separe de las remolachas y reserve.

e) Mientras se cocinan las verduras, mezcle todos los ingredientes del aderezo y déjelo reposar durante al menos 10 minutos para que se junten todos los sabores.
f) Divida el aderezo de nueces y el cilantro en partes iguales entre las remolachas y los puerros y revuelva suavemente. Pruebe ambos y agregue más sal si es necesario.
g) Para preparar la ensalada, extienda la mayor parte de las remolachas en una fuente para servir, cubra con un poco de rúcula, luego la mayoría de los puerros, luego las remolachas restantes y termine con más puerros y rúcula. Espolvoree sobre las semillas de granada, si las usa, y sirva.

37. Okra carbonizada con tomate

Rinde: 2 COMO GUARNICIÓN

INGREDIENTES
- 10½ oz / 300 g de okra tierna o muy pequeña
- 2 cucharadas de aceite de oliva, y más si es necesario
- 4 dientes de ajo, en rodajas finas
- ⅔ oz / 20 g de cáscara de limón en conserva (comprada over receta), cortado en trozos de ⅜ de pulgada/1 cm
- 3 tomates pequeños (200 g / 7 oz en total), cortados en 8 gajos, o tomates cherry cortados por la mitad
- 1½ cucharadita de perejil de hoja plana picado
- 1½ cucharadita de cilantro picado
- 1 cucharada de jugo de limón recién exprimido
- Sal marina maldon y pimienta negra recién molida

INSTRUCCIONES
a) Con un cuchillo de fruta pequeño y afilado, corte las vainas de okra, quitando el tallo justo encima de la vaina para no exponer las semillas.

b) Coloca una sartén grande de fondo grueso a fuego alto y déjala reposar unos minutos. Cuando esté casi al rojo vivo, agregue la okra en dos tandas y cocínela en seco, agitando la sartén ocasionalmente, durante 4 minutos por tanda. Las vainas de okra deben tener ocasionalmente una ampolla oscura.

c) Regrese toda la okra carbonizada a la sartén y agregue el aceite de oliva, el ajo y el limón en conserva. Sofreír durante 2 minutos, agitando la sartén. Reduzca el fuego a medio y agregue los tomates, 2 cucharadas de agua, las hierbas picadas, el jugo de limón y ½ cucharadita de sal y un poco de pimienta negra. Revuelva todo suavemente para que los tomates no se rompan y continúe cocinando durante 2 a 3 minutos, hasta que los tomates estén bien calientes. Transfiera a una fuente para servir, rocíe con más aceite de oliva, agregue una pizca de sal y sirva.

38. Berenjena Quemada Con Semillas De Granada

Rinde: 4 COMO PARTE DE UN PLATO MEZE
INGREDIENTES
- 4 berenjenas grandes (3¼ lb / 1,5 kg antes de cocinarlas; 2½ tazas / 550 g después de quemar y escurrir la pulpa)
- 2 dientes de ajo machacados
- ralladura de 1 limón y 2 cucharadas de jugo de limón recién exprimido
- 5 cucharadas de aceite de oliva
- 2 cucharadas de perejil de hoja plana picado
- 2 cucharadas de menta picada
- semillas de ½ granada grande (½ taza / 80 g en total)
- sal y pimienta negra recién molida

INSTRUCCIONES

a) Si tiene una estufa de gas, cubra la base con papel de aluminio para protegerla, manteniendo solo los quemadores expuestos. Coloque las berenjenas directamente en cuatro quemadores de gas separados con llamas medianas y ase durante 15 a 18 minutos, hasta que la piel esté quemada y escamosa y la pulpa esté suave. Utilice pinzas de metal para darles la vuelta de vez en cuando. Alternativamente, corte las berenjenas con un cuchillo en algunos lugares, aproximadamente ¾ de pulgada / 2 cm de profundidad, y colóquelas en una bandeja para hornear debajo de una parrilla caliente durante aproximadamente una hora. Dales la vuelta cada 20 minutos aproximadamente y continúa cocinando incluso si estallan y se rompen.

b) Retira las berenjenas del fuego y déjalas enfriar un poco. Una vez que esté lo suficientemente frío como para manipularlo, corte una abertura a lo largo de cada berenjena y saque la pulpa suave, dividiéndola con las manos en tiras largas y delgadas. Deseche la piel. Escurrir la pulpa en un colador durante al menos una hora, preferiblemente más, para eliminar la mayor cantidad de agua posible.

c) Coloque la pulpa de berenjena en un tazón mediano y agregue el ajo, la ralladura y el jugo de limón, el aceite de oliva, ½ cucharadita de sal y un buen molido de pimienta negra. Revuelve y deja marinar la berenjena a temperatura ambiente durante al menos una hora.

d) Cuando esté listo para servir, mezcle la mayoría de las hierbas y pruebe para sazonar. Apilar en un plato para servir, esparcir sobre las semillas de granada y decorar con las hierbas restantes.

39. Ensalada De Perejil Y Cebada

Hace: 4

INGREDIENTES
- ¼ de taza / 40 g de cebada perlada
- 5 onzas / 150 g de queso feta
- 5½ cucharadas de aceite de oliva
- 1 cucharadita de za'atar
- ½ cucharadita de semillas de cilantro, ligeramente tostadas y trituradas
- ¼ cucharadita de comino molido
- 80 g / 3 oz de perejil de hoja plana, hojas y tallos finos
- 4 cebollas verdes, finamente picadas (⅓ taza / 40 g en total)
- 2 dientes de ajo machacados
- ⅓ taza / 40 g de anacardos, ligeramente tostados y triturados en trozos grandes
- 1 pimiento verde, sin semillas y cortado en dados de ⅜ de pulgada / 1 cm
- ½ cucharadita de pimienta de Jamaica molida
- 2 cucharadas de jugo de limón recién exprimido
- sal y pimienta negra recién molida

INSTRUCCIONES

a) Coloca la cebada perlada en una cacerola pequeña, cubre con abundante agua y deja hervir durante 30 a 35 minutos, hasta que esté tierna pero con un toque. Vierta en un colador fino, agite para eliminar toda el agua y transfiera a un tazón grande.

b) Rompa el queso feta en trozos gruesos, de aproximadamente ¾ de pulgada / 2 cm de tamaño, y mézclelo en un tazón pequeño con 1½ cucharada de aceite de oliva, el za'atar, las semillas de cilantro y el comino. Mezclar suavemente y dejar marinar mientras preparas el resto de la ensalada.

c) Picar finamente el perejil y colocar en un bol con las cebolletas, el ajo, los anacardos, la pimienta, la pimienta de Jamaica, el jugo de limón, el resto del aceite de oliva y la cebada cocida. Mezclar bien y sazonar al gusto. Para servir, divida la ensalada en cuatro platos y cubra con el queso feta marinado.

40. Ensalada de tomate y calabacín en trozos

Hace: 6

INGREDIENTES
- 8 calabacines de color verde pálido o calabacines normales (aproximadamente 2¼ lb / 1 kg en total)
- 5 tomates grandes y muy maduros (1¾ lb / 800 g en total)
- 3 cucharadas de aceite de oliva, más un poco más para terminar
- 2½ tazas / 300 g de yogur griego
- 2 dientes de ajo machacados
- 2 chiles rojos, sin semillas y picados
- ralladura de 1 limón mediano y 2 cucharadas de jugo de limón recién exprimido
- 1 cucharada de almíbar de dátiles, más un poco más para terminar
- 2 tazas / 200 g de nueces, picadas en trozos grandes
- 2 cucharadas de menta picada
- ⅔ oz / 20 g de perejil de hoja plana, picado
- sal y pimienta negra recién molida

INSTRUCCIONES

a) Precalienta el horno a 425°F / 220°C. Coloque una plancha con crestas a fuego alto.

b) Recorta los calabacines y córtalos por la mitad a lo largo. Corta los tomates por la mitad también. Unte los calabacines y los tomates con aceite de oliva por el lado cortado y sazone con sal y pimienta.

c) A estas alturas la sartén debería estar bien caliente. Empieza con el calabacín. Coloque algunos de ellos en la sartén, con el lado cortado hacia abajo y cocine por 5 minutos; el calabacín debe quedar bien carbonizado por un lado. Ahora retira los calabacines y repite el mismo proceso con los tomates. Coloca las verduras en una fuente para asar y mete al horno unos 20 minutos, hasta que los calabacines estén bien tiernos.

d) Retire la sartén del horno y deje que las verduras se enfríen un poco. Picarlos en trozos grandes y dejar escurrir en un colador durante 15 minutos.
e) Batir el yogur, el ajo, el chile, la ralladura y el jugo de limón y la melaza en un tazón grande. Agrega las verduras picadas, las nueces, la menta y la mayor parte del perejil y revuelve bien. Sazone con ¾ de cucharadita de sal y un poco de pimienta.
f) Transfiera la ensalada a un plato grande y poco profundo para servir y extiéndala. Adorne con el perejil restante. Finalmente, rocíe un poco de sirope de dátiles y aceite de oliva.

41. tabulé

Rinde: 4 GENEROSAMENTE
INGREDIENTES
- ½ taza / 30 g de trigo bulgur fino
- 2 tomates grandes, maduros pero firmes (10½ oz / 300 g en total)
- 1 chalota finamente picada (3 cucharadas / 30 g en total)
- 3 cucharadas de jugo de limón recién exprimido, más un poco más para terminar
- 4 manojos grandes de perejil de hoja plana (5½ oz / 160 g en total)
- 2 manojos de menta (1 oz / 30 g en total)
- 2 cucharaditas de pimienta de Jamaica molida
- 1 cucharadita de mezcla de especias baharat (comprada en la tienda over receta)
- ½ taza / 80 ml de aceite de oliva de primera calidad
- semillas de aproximadamente ½ granada grande (½ taza / 70 g en total), opcional
- sal y pimienta negra recién molida

INSTRUCCIONES

a) Coloque el bulgur en un colador fino y páselo por agua fría hasta que el agua que sale se vea clara y se haya eliminado la mayor parte del almidón. Transfiera a un plato mezclador más grande.

b) Utilice un cuchillo de sierra pequeño para cortar los tomates en rodajas de ¼ de pulgada/0,5 cm de grosor. Corta cada rebanada en tiras de ¼ de pulgada / 0,5 cm y luego en dados. Agrega los tomates y su jugo al bol, junto con la chalota y el jugo de limón y revuelve bien.

c) Tome unas ramitas de perejil y empáquelas bien juntas. Utilice un cuchillo grande y muy afilado para cortar la mayoría de los tallos y deséchelos. Ahora usa el cuchillo para subir los tallos y las hojas, "alimentando" gradualmente el cuchillo para triturar el perejil lo más fino que puedas y tratando de evitar cortar trozos de más de 1/16 de pulgada / 1 mm. Añadir al bol.

d) Retire las hojas de menta de los tallos, junte algunas y tritúrelas finamente como lo hizo con el perejil; No los cortes demasiado porque tienden a decolorarse. Añadir al bol.

e) Finalmente, agregue la pimienta de Jamaica, el baharat, el aceite de oliva, la granada, si la usa, y un poco de sal y pimienta. Pruebe y agregue más sal y pimienta si lo desea, posiblemente un poco de jugo de limón, y sirva.

42. Patatas asadas con caramelo y ciruelas pasas

Hace: 4

INGREDIENTES
- 2¼ lb / 1 kg de papas harinosas, como las russet
- ½ taza / 120 ml de grasa de ganso
- 5 oz / 150 g de ciruelas pasas de Agen enteras y blandas, sin hueso
- ½ taza / 90 g de azúcar extrafina
- 3½ cucharadas / 50 ml de agua helada
- sal

INSTRUCCIONES

a) Precalienta el horno a 475°F / 240°C.
b) Pela las patatas, deja las pequeñas enteras y corta las más grandes por la mitad, así quedarán trozos de unos 60 g. Enjuague con agua fría y luego coloque las patatas en una cacerola grande con abundante agua fría. Llevar a ebullición y cocinar a fuego lento durante 8 a 10 minutos. Escurre bien las patatas y luego agita el colador para que los bordes queden ásperos.
c) Coloque la grasa de ganso en una fuente para asar y caliéntela en el horno hasta que humee, aproximadamente 8 minutos. Saca con cuidado la sartén del horno y añade las patatas hervidas a la grasa caliente con unas pinzas de metal, enrollándolas en la grasa mientras lo haces. Coloque suavemente la sartén en la rejilla más alta del horno y cocine de 50 a 65 minutos, o hasta que las papas estén doradas y crujientes por fuera. Dales la vuelta de vez en cuando mientras se cocinan.
d) Una vez que las patatas estén casi listas, saca la bandeja del horno y viértela sobre un recipiente resistente al calor para quitar la mayor parte de la grasa. Añade ½ cucharadita de sal y las ciruelas y revuelve suavemente. Regrese al horno por otros 5 minutos.
e) Durante este tiempo, haz el caramelo. Poner el azúcar en una cacerola limpia de fondo grueso y colocar a fuego lento. Sin revolver, observe cómo el azúcar adquiere un rico color

caramelo. Asegúrate de estar atento al azúcar en todo momento. En cuanto alcance este color, retira la sartén del fuego. Sosteniendo la sartén a una distancia segura de tu cara, vierte rápidamente el agua helada en el caramelo para evitar que se cocine. Regrese al fuego y revuelva para eliminar los grumos de azúcar.

f) Antes de servir, agregue el caramelo a las patatas y las ciruelas pasas. Transfiera a un tazón para servir y cómelo de inmediato.

43. Acelgas con tahini, yogur y piñones con mantequilla

Hace: 4

INGREDIENTES
- 2¾ lb / 1,3 kg de acelgas
- 2½ cucharadas / 40 g de mantequilla sin sal
- 2 cucharadas de aceite de oliva, más un poco más para terminar
- 5 cucharadas / 40 g de piñones
- 2 dientes de ajo pequeños, cortados en rodajas muy finas
- ¼ taza / 60 ml de vino blanco seco
- pimentón dulce, para decorar (opcional)
- sal y pimienta negra recién molida

SALSA DE TAHINI Y YOGUR
- 3½ cucharadas / 50 g de pasta tahini ligera
- 4½ cucharadas / 50 g de yogur griego
- 2 cucharadas de jugo de limón recién exprimido
- 1 diente de ajo, machacado
- 2 cucharadas de agua

INSTRUCCIONES

a) Comienza con la salsa. Coloca todos los ingredientes en un tazón mediano, agrega una pizca de sal y revuelve bien con un batidor pequeño hasta obtener una pasta suave y semirígida. Dejar de lado.

b) Utilice un cuchillo afilado para separar los tallos de acelgas blancas de las hojas verdes y córtelas ambas en rodajas de ¾ de pulgada / 2 cm de ancho, manteniéndolas separadas. Ponga a hervir una cacerola grande con agua con sal y agregue los tallos de acelgas. Cocine a fuego lento durante 2 minutos, agregue las hojas y cocine por un minuto más. Escurrir y enjuagar bien con agua fría. Deja escurrir el agua y luego usa tus manos para exprimir las acelgas hasta que estén completamente secas.

c) Pon la mitad de la mantequilla y las 2 cucharadas de aceite de oliva en una sartén grande y colócala a fuego medio. Una vez que estén calientes, agregue los piñones y revuélvalos en la sartén hasta que estén dorados, aproximadamente 2 minutos. Utilice una espumadera para sacarlos de la sartén y luego agregue el ajo. Cocine durante aproximadamente un minuto, hasta que comience a dorarse. Con cuidado (¡escupirá!) vierta el vino. Dejar reposar un minuto o menos, hasta que se reduzca a aproximadamente un tercio. Agrega las acelgas y el resto de la mantequilla y cocina de 2 a 3 minutos, revolviendo ocasionalmente, hasta que las acelgas estén completamente calientes. Sazone con ½ cucharadita de sal y un poco de pimienta negra.

d) Divida las acelgas en tazones individuales, vierta un poco de salsa tahini encima y espolvoree con los piñones. Por último, rocía con aceite de oliva y espolvorea con un poco de pimentón, si quieres.

44. Hannukah Sabih

Hace: 4

INGREDIENTES
- 2 berenjenas grandes (aproximadamente 1⅔ lb / 750 g en total)
- aproximadamente 1¼ tazas / 300 ml de aceite de girasol
- 4 rebanadas de pan blanco de buena calidad, tostado o mini pitas frescas y húmedas
- 1 taza / 240ml salsa tahini
- 4 huevos grandes de gallinas camperas, duros, pelados y cortados en rodajas de ⅜ de pulgada / 1 cm de grosor o en cuartos
- alrededor de 4 cucharadas Zhoug
- amba o pepinillo de mango salado (opcional)
- sal y pimienta negra recién molida

ENSALADA PICADA
- 2 tomates maduros medianos, cortados en dados de ⅜ de pulgada/1 cm (aproximadamente 1 taza/200 g en total)
- 2 mini pepinos, cortados en dados de ⅜ de pulgada/1 cm (aproximadamente 1 taza/120 g en total)
- 2 cebollas verdes, en rodajas finas
- 1½ cucharada de perejil de hoja plana picado
- 2 cucharaditas de jugo de limón recién exprimido
- 1½ cucharada de aceite de oliva

INSTRUCCIONES

a) Use un pelador de verduras para pelar tiras de piel de berenjena de arriba a abajo, dejando las berenjenas con tiras alternas de piel negra y pulpa blanca, como una cebra. Corta ambas berenjenas a lo ancho en rodajas de 2,5 cm de grosor. Espolvorea sal por ambos lados, luego extiéndelas en una bandeja para horno y déjalas reposar durante al menos 30 minutos para eliminar un poco de agua. Utilice toallas de papel para limpiarlas.

b) Calentar el aceite de girasol en una sartén amplia. Con cuidado (el aceite escupe), fríe las rodajas de berenjena en tandas hasta que estén bien oscuras, volteándolas una vez, de 6 a 8 minutos en total. Agregue aceite si es necesario mientras cocina los lotes. Cuando estén listos, los trozos de berenjena deben estar completamente tiernos en el centro. Retirar de la sartén y escurrir sobre toallas de papel.

c) Haz la ensalada picada mezclando todos los ingredientes y sazonando con sal y pimienta al gusto.

d) Justo antes de servir, coloque 1 rebanada de pan o pita en cada plato. Vierta 1 cucharada de salsa tahini sobre cada rebanada, luego coloque las rodajas de berenjena encima, superpuestas. Rociamos un poco más de tahini pero sin cubrir por completo las rodajas de berenjena. Sazone cada rodaja de huevo con sal y pimienta y colóquelas sobre la berenjena. Rocíe un poco más de tahini encima y vierta tanto zhoug como desee; ¡Cuidado, hace calor! Vierta también sobre el pepinillo de mango, si lo desea. Sirva la ensalada de verduras a un lado, si lo desea, coloque un poco encima de cada porción.

45. Latkes

Rinde: 12 LATKES

INGREDIENTES

- 5½ tazas / 600 g de patatas bastante cerosas peladas y ralladas como las Yukon Gold
- 2¾ tazas / 300 g de chirivías peladas y ralladas
- ⅔ taza / 30 g de cebollino, finamente picado
- 4 claras de huevo
- 2 cucharadas de maicena
- 5 cucharadas / 80 g de mantequilla sin sal
- 6½ cucharadas / 100 ml de aceite de girasol
- sal y pimienta negra recién molida
- crema agria, para servir

INSTRUCCIONES

a) Enjuague la papa en un recipiente grande con agua fría. Escurrir en un colador, exprimir el exceso de agua y luego extender la papa sobre un paño de cocina limpio para que se seque por completo.

b) En un tazón grande, mezcle la papa, la chirivía, el cebollino, las claras de huevo, la maicena, 1 cucharadita de sal y abundante pimienta negra.

c) Calienta la mitad de la mantequilla y la mitad del aceite en una sartén grande a fuego medio-alto. Use sus manos para tomar porciones de aproximadamente 2 cucharadas de la mezcla de latke, apriete firmemente para eliminar parte del líquido y forme hamburguesas finas de aproximadamente 3/8 de pulgada / 1 cm de grosor y 3¼ de pulgada / 8 cm de diámetro. Coloque con cuidado tantos latkes como pueda caber cómodamente en la sartén, empújelos hacia abajo suavemente y nivelelos con el dorso de una cuchara. Freír a fuego medio-alto durante 3 minutos por cada lado. Los latkes deben estar completamente dorados por fuera. Retire los latkes fritos del aceite, colóquelos sobre toallas de papel y manténgalos calientes mientras cocina el resto. Agregue la mantequilla y el aceite restantes según sea necesario. Sirva de inmediato con crema agria a un lado.

46. Hannukah Falafel

Rinde: UNAS 20 BOLAS

INGREDIENTES
- 1¼ tazas / 250 g de garbanzos secos
- ½ cebolla mediana, finamente picada (½ taza / 80 g en total)
- 1 diente de ajo, machacado
- 1 cucharada de perejil de hoja plana finamente picado
- 2 cucharadas de cilantro finamente picado
- ¼ cucharadita de pimienta de cayena
- ½ cucharadita de comino molido
- ½ cucharadita de cilantro molido
- ¼ cucharadita de cardamomo molido
- ½ cucharadita de polvo para hornear
- 3 cucharadas de agua
- 1½ cucharada de harina para todo uso
- aproximadamente 3 tazas / 750 ml de aceite de girasol, para freír
- ½ cucharadita de semillas de sésamo, para cubrir
- sal

INSTRUCCIONES

a) Coloca los garbanzos en un bol grande y cúbrelos con agua fría al menos el doble de su volumen. Déjelo en remojo durante la noche.

b) Al día siguiente, escurre bien los garbanzos y combínalos con la cebolla, el ajo, el perejil y el cilantro. Para obtener mejores resultados, utilice una picadora de carne para la siguiente parte. Pasa la mezcla de garbanzos una vez por la máquina, ponla en su posición más fina y luego pásala por la máquina por segunda vez. Si no tienes una picadora de carne, usa un procesador de alimentos. Mezcle la mezcla en tandas, pulsando cada una durante 30 a 40 segundos, hasta que esté finamente picada, pero no blanda ni pastosa, y se mantenga unida. Una vez procesado, agrega las especias, el polvo para hornear, ¾ de cucharadita de sal, la harina y el agua. Mezclar bien a mano hasta que quede suave y uniforme. Tapa la mezcla y déjala en el refrigerador por al menos 1 hora, o hasta que esté lista para usar.

c) Llene una cacerola mediana, profunda y de fondo grueso, con suficiente aceite para que cubra 2¾ pulgadas / 7 cm por los lados de la cacerola. Calienta el aceite a 350°F / 180°C.

d) Con las manos mojadas, presione 1 cucharada de la mezcla en la palma de su mano para formar una hamburguesa o una bola del tamaño de una nuez pequeña, aproximadamente 1 oz / 25 g (también puede usar una bola de helado húmeda para esto).).

e) Espolvorea las bolas uniformemente con semillas de sésamo y fríelas en tandas durante 4 minutos, hasta que estén bien doradas y bien cocidas. Es importante que se sequen mucho por dentro, así que asegúrese de que pasen suficiente tiempo en el aceite. Escurrir en un colador forrado con toallas de papel y servir de inmediato.

47. Bayas de trigo y acelgas con melaza de granada

Hace: 4

INGREDIENTES
- 1⅓ lb / 600 g de acelgas o acelgas arcoíris
- 2 cucharadas de aceite de oliva
- 1 cucharada de mantequilla sin sal
- 2 puerros grandes, la parte blanca y la parte verde pálida, en rodajas finas (3 tazas/350 g en total)
- 2 cucharadas de azúcar moreno claro
- aproximadamente 3 cucharadas de melaza de granada
- 1¼ tazas / 200 g de bayas de trigo con o sin cáscara
- 2 tazas / 500 ml de caldo de pollo
- sal y pimienta negra recién molida
- yogur griego, para servir

INSTRUCCIONES

a) Separa los tallos blancos de las acelgas de las hojas verdes con un cuchillo pequeño y afilado. Corta los tallos en rodajas de 1 cm / ⅜ de pulgada y las hojas en rodajas de 2 cm / ¾ de pulgada.

b) Calienta el aceite y la mantequilla en una sartén grande de fondo grueso. Agrega los puerros y cocina, revolviendo, de 3 a 4 minutos. Agrega los tallos de acelgas y cocina por 3 minutos, luego agrega las hojas y cocina por 3 minutos más. Agregue el azúcar, 3 cucharadas de melaza de granada y las bayas de trigo y mezcle bien. Agregue el caldo, ¾ de cucharadita de sal y un poco de pimienta negra, cocine a fuego lento y cocine a fuego lento, tapado, durante 60 a 70 minutos. El trigo debería estar al dente en este punto.

c) Retire la tapa y, si es necesario, aumente el fuego y deje que se evapore el líquido restante. La base del molde debe estar seca y con un poco de caramelo quemado. Retirar del fuego.

d) Antes de servir, pruebe y agregue más melaza, sal y pimienta si es necesario; la quieres picante y dulce, así que no seas tímido con la melaza. Sirva caliente, con una cucharada de yogur griego.

48. Hannukah Balilah

Hace: 4

INGREDIENTES
- 1 taza / 200 g de garbanzos secos
- 1 cucharadita de bicarbonato de sodio
- 1 taza / 60 g de perejil de hoja plana picado
- 2 cebollas verdes, en rodajas finas
- 1 limón grande
- 3 cucharadas de aceite de oliva
- 2½ cucharaditas de comino molido
- sal y pimienta negra recién molida

INSTRUCCIONES

a) La noche anterior, poner los garbanzos en un bol grande y cubrir con agua fría al menos el doble de su volumen. Agrega el bicarbonato de sodio y déjalo a temperatura ambiente en remojo durante la noche.

b) Escurre los garbanzos y colócalos en una cacerola grande. Cubrir con abundante agua fría y colocar a fuego alto. Llevar a ebullición, quitar la superficie del agua, luego disminuir el fuego y cocinar a fuego lento durante 1 a 1½ horas, hasta que los garbanzos estén muy suaves pero aún conserven su forma.

c) Mientras se cocinan los garbanzos, ponga el perejil y las cebolletas en un tazón grande. Pele el limón cubriéndolo y colocándolo sobre una tabla y pasando un cuchillo pequeño y afilado por sus curvas para quitarle la piel y la médula blanca. Deseche la piel, la médula y las semillas y pique la pulpa en trozos grandes. Agrega la pulpa y todos los jugos al bol.

d) Una vez que los garbanzos estén listos, los escurrimos y los añadimos al bol mientras aún estén calientes. Agregue el aceite de oliva, el comino, ¾ de cucharadita de sal y un buen molido de pimienta. Mezclar bien. Deje enfriar hasta que esté tibio, pruebe el condimento y sirva.

49.   Arroz basmati y orzo

Hace: 6

INGREDIENTES
- 1⅓ tazas / 250 g de arroz basmati
- 1 cucharada de ghee derretido o mantequilla sin sal
- 1 cucharada de aceite de girasol
- ½ taza / 85 g de orzo
- 2½ tazas / 600 ml de caldo de pollo
- 1 cucharadita de sal

INSTRUCCIONES

a) Lavar bien el arroz basmati, luego colocarlo en un bol grande y cubrir con abundante agua fría. Déjelo en remojo durante 30 minutos y luego escúrralo.

b) Calienta el ghee y el aceite a fuego medio-alto en una cacerola mediana de fondo grueso que tenga tapa. Agrega el orzo y saltea durante 3 a 4 minutos, hasta que los granos adquieran un color dorado oscuro. Agrega el caldo, deja hervir y cocina por 3 minutos. Agregue el arroz escurrido y la sal, lleve a ebullición suave, revuelva una o dos veces, cubra la sartén y cocine a fuego muy lento durante 15 minutos. No caigas en la tentación de destapar la sartén; Tendrás que dejar que el arroz se cocine al vapor adecuadamente.

c) Apague el fuego, retire la tapa y cubra rápidamente la sartén con un paño de cocina limpio. Vuelva a colocar la tapa encima de la toalla y déjela durante 10 minutos. Revuelva el arroz con un tenedor antes de servir.

50. Arroz con azafrán con agracejo, pistacho y hierbas mixtas

Hace: 6

INGREDIENTES
- 2½ cucharadas / 40 g de mantequilla sin sal
- 2 tazas / 360 g de arroz basmati, enjuagado con agua fría y bien escurrido
- 2⅓ tazas / 560 ml de agua hirviendo
- 1 cucharadita de hebras de azafrán, remojadas en 3 cucharadas de agua hirviendo durante 30 minutos
- ¼ de taza / 40 g de agracejo seco, remojados unos minutos en agua hirviendo con una pizca de azúcar
- 1 oz / 30 g de eneldo, picado en trozos grandes
- ⅔ oz / 20 g de perifollo, picado en trozos grandes
- ⅓ oz / 10 g de estragón, picado en trozos grandes
- ½ taza / 60 g de pistachos sin sal en rodajas o triturados, ligeramente tostados
- sal y pimienta blanca recién molida

INSTRUCCIONES

a) Derrita la mantequilla en una cacerola mediana y agregue el arroz, asegurándose de que los granos queden bien cubiertos de mantequilla. Agrega el agua hirviendo, 1 cucharadita de sal y un poco de pimienta blanca. Mezclar bien, tapar con una tapa hermética y dejar cocer a fuego muy lento durante 15 minutos. No caigas en la tentación de destapar la sartén; Tendrás que dejar que el arroz se cocine al vapor adecuadamente.

b) Retire la cacerola de arroz del fuego (el arroz habrá absorbido toda el agua) y vierta el agua con azafrán sobre un lado del arroz, cubriendo aproximadamente una cuarta parte de la superficie y dejando la mayor parte blanca. Cubra la cacerola inmediatamente con un paño de cocina y vuelva a cerrarla herméticamente con la tapa. Reservar de 5 a 10 minutos.

c) Use una cuchara grande para quitar la parte blanca del arroz y colóquela en un tazón grande y esponje con un tenedor. Escurre los agracejos y revuélvelos, seguido de las hierbas y la mayoría de los pistachos, dejando algunos para decorar. Mezclar bien. Revuelva el arroz con azafrán con un tenedor e incorpórelo suavemente al arroz blanco. No mezcle demasiado; no querrá que los granos blancos se manchen con el amarillo. Prueba y ajusta el sazón. Transfiera el arroz a un tazón poco profundo y esparza los pistachos restantes encima. Servir tibio o a temperatura ambiente.

51. Basmati y arroz salvaje con garbanzos, grosellas y hierbas

Hace: 6
INGREDIENTES
- ⅓ taza / 50 g de arroz salvaje
- 2½ cucharadas de aceite de oliva
- redondeado 1 taza / 220 g de arroz basmati
- 1½ tazas / 330 ml de agua hirviendo
- 2 cucharaditas de semillas de comino
- 1½ cucharadita de curry en polvo
- 1½ tazas / 240 g de garbanzos cocidos y escurridos (los de lata están bien)
- ¾ taza / 180 ml de aceite de girasol
- 1 cebolla mediana, en rodajas finas
- 1½ cucharadita de harina para todo uso
- ⅔ taza / 100 g de grosellas
- 2 cucharadas de perejil de hoja plana picado
- 1 cucharada de cilantro picado
- 1 cucharada de eneldo picado
- sal y pimienta negra recién molida

INSTRUCCIONES
a) Comienza poniendo el arroz salvaje en una cacerola pequeña, cúbrelo con abundante agua, deja que hierva y déjalo cocer a fuego lento durante unos 40 minutos, hasta que el arroz esté cocido pero aún bastante firme. Escurrir y reservar.
b) Para cocinar el arroz basmati, vierta 1 cucharada de aceite de oliva en una cacerola mediana con tapa hermética y colóquela a fuego alto. Agrega el arroz y ¼ de cucharadita de sal y revuelve mientras calientas el arroz. Agrega con cuidado el agua hirviendo, baja el fuego a muy bajo, tapa la cacerola con la tapa y deja cocer durante 15 minutos.
c) Retirar la sartén del fuego, cubrir con un paño de cocina limpio y luego tapar, y dejar fuera del fuego durante 10 minutos.
d) Mientras se cuece el arroz, prepara los garbanzos. Calienta la 1½ cucharada de aceite de oliva restante en una cacerola pequeña a fuego alto. Agrega las semillas de comino y el curry en polvo,

espera un par de segundos y luego agrega los garbanzos y ¼ de cucharadita de sal; Asegúrate de hacerlo rápidamente o las especias podrían quemarse en el aceite. Revuelva sobre el fuego durante uno o dos minutos, solo para calentar los garbanzos, luego transfiéralo a un tazón grande para mezclar.

e) Limpia la cacerola, vierte el aceite de girasol y colócala a fuego alto. Asegúrate de que el aceite esté caliente echando un trozo pequeño de cebolla; debe chisporrotear vigorosamente. Usa tus manos para mezclar la cebolla con la harina para cubrirla ligeramente. Coge un poco de cebolla y con cuidado (¡podría escupir!) colócala en el aceite. Freír durante 2 a 3 minutos, hasta que estén dorados, luego transferir a toallas de papel para escurrir y espolvorear con sal. Repita en tandas hasta que toda la cebolla esté frita.

f) Por último, añade ambos tipos de arroz a los garbanzos y luego añade las grosellas, las hierbas y la cebolla frita. Revuelve, prueba y agrega sal y pimienta a tu gusto. Servir tibio o a temperatura ambiente.

52. Risotto de cebada con queso feta marinado

Hace: 4

INGREDIENTES
- 1 taza / 200 g de cebada perlada
- 2 cucharadas / 30 g de mantequilla sin sal
- 6 cucharadas / 90 ml de aceite de oliva
- 2 tallos de apio pequeños, cortados en dados de ¼ de pulgada / 0,5 cm
- 2 chalotas pequeñas, cortadas en dados de ¼ de pulgada / 0,5 cm
- 4 dientes de ajo, cortados en dados de 2 mm / 1/16 de pulgada
- 4 ramitas de tomillo
- ½ cucharadita de pimentón ahumado
- 1 hoja de laurel
- 4 tiras de piel de limón
- ¼ cucharadita de hojuelas de chile
- una lata de 400 g / 14 oz de tomates picados
- 3 tazas / 700 ml de caldo de verduras
- 1¼ tazas / 300 ml de passata (tomates triturados tamizados)
- 1 cucharada de semillas de alcaravea
- 10½ oz / 300 g de queso feta, partido en trozos de aproximadamente ¾ de pulgada / 2 cm
- 1 cucharada de hojas de orégano fresco
- sal

INSTRUCCIONES
a) Enjuagar bien la cebada perlada con agua fría y dejar escurrir.
b) Derrita la mantequilla y 2 cucharadas de aceite de oliva en una sartén muy grande y cocine el apio, las chalotas y el ajo a fuego suave durante 5 minutos, hasta que estén tiernos. Agrega la cebada, el tomillo, el pimentón, la hoja de laurel, la piel de limón, las hojuelas de chile, los tomates, el caldo, la passata y la sal. Revuelve para combinar. Lleve la mezcla a ebullición, luego reduzca a fuego lento y cocine durante 45 minutos, revolviendo con frecuencia para asegurarse de que el risotto no se pegue al

fondo de la sartén. Cuando esté lista, la cebada debe estar tierna y la mayor parte del líquido absorbido.

c) Mientras tanto, tuesta las semillas de alcaravea en una sartén seca durante un par de minutos. Luego tritúrelas ligeramente para que queden algunas semillas enteras. Agréguelos al queso feta con las 4 cucharadas restantes/60 ml de aceite de oliva y mezcle suavemente para combinar.

d) Una vez que el risotto esté listo, revisa la sazón y luego divídelo en cuatro tazones poco profundos. Cubra cada uno con el queso feta marinado, incluido el aceite, y una pizca de hojas de orégano.

53. Conchiglie con yogur, guisantes y chile

Hace: 6

INGREDIENTES
- 2½ tazas / 500 g de yogur griego
- ⅔ taza / 150 ml de aceite de oliva
- 4 dientes de ajo machacados
- 1 libra / 500 g de guisantes congelados frescos o descongelados
- 1 libra / 500 g de pasta conchiglie
- ½ taza / 60 g de piñones
- 2 cucharaditas de hojuelas de chile turco o sirio (o menos, dependiendo de qué tan picantes sean)
- 1⅔ tazas / 40 g de hojas de albahaca, cortadas en trozos grandes
- 8 oz / 240 g de queso feta, partido en trozos
- sal y pimienta blanca recién molida

INSTRUCCIONES

a) Pon en un robot de cocina el yogur, 6 cucharadas / 90 ml de aceite de oliva, el ajo y ⅔ taza / 100 g de guisantes. Mezcle hasta obtener una salsa uniforme de color verde pálido y transfiérala a un tazón grande para mezclar.

b) Cuece la pasta en abundante agua hirviendo con sal hasta que esté al dente. Mientras se cocina la pasta, caliente el aceite de oliva restante en una sartén pequeña a fuego medio. Agrega los piñones y las hojuelas de chile y fríe durante 4 minutos, hasta que las nueces estén doradas y el aceite de color rojo intenso. Calentar también los guisantes restantes en un poco de agua hirviendo y escurrir.

c) Escurrir la pasta cocida en un colador, agitar bien para eliminar el agua y agregar la pasta poco a poco a la salsa de yogur; agregarlo todo de una vez puede hacer que el yogur se parta. Agregue los guisantes calientes, la albahaca, el queso feta, 1 cucharadita de sal y ½ cucharadita de pimienta blanca. Mezcle suavemente, transfiera a tazones individuales y vierta sobre los piñones y su aceite.

54. <u>mejadra</u>

Hace: 6

INGREDIENTES
- 1¼ tazas / 250 g de lentejas verdes o marrones
- 4 cebollas medianas (1½ lb / 700 g antes de pelar)
- 3 cucharadas de harina para todo uso
- aproximadamente 1 taza / 250 ml de aceite de girasol
- 2 cucharaditas de semillas de comino
- 1½ cucharada de semillas de cilantro
- 1 taza / 200 g de arroz basmati
- 2 cucharadas de aceite de oliva
- ½ cucharadita de cúrcuma molida
- 1½ cucharadita de pimienta de Jamaica molida
- 1½ cucharadita de canela molida
- 1 cucharadita de azúcar
- 1½ tazas / 350 ml de agua
- sal y pimienta negra recién molida

INSTRUCCIONES

a) Coloca las lentejas en una cacerola pequeña, cubre con abundante agua, lleva a ebullición y cocina de 12 a 15 minutos, hasta que las lentejas se hayan ablandado pero aún tengan un poco de mordisco. Escurrir y reservar.

b) Pelar las cebollas y cortarlas en rodajas finas. Colóquelo en un plato plano grande, espolvoree con harina y 1 cucharadita de sal y mezcle bien con las manos. Calienta el aceite de girasol en una cacerola mediana de fondo grueso colocada a fuego alto. Asegúrate de que el aceite esté caliente echando un trozo pequeño de cebolla; debe chisporrotear vigorosamente. Reduzca el fuego a medio-alto y con cuidado (¡puede escupir!) agregue un tercio de la cebolla en rodajas. Freír durante 5 a 7 minutos, revolviendo ocasionalmente con una espumadera, hasta que la cebolla adquiera un bonito color dorado y esté crujiente (ajuste la temperatura para que la cebolla no se fría demasiado rápido y se queme). Usa la cuchara para transferir la cebolla a un colador forrado con toallas de papel y espolvorea con un poco más de sal. Haz lo mismo con las otras dos tandas de cebolla; agregue un poco más de aceite si es necesario.

c) Limpia la cacerola en la que friste la cebolla y ponle el comino y las semillas de cilantro. Coloca a fuego medio y tuesta las semillas durante uno o dos minutos. Agrega el arroz, el aceite de oliva, la cúrcuma, la pimienta de Jamaica, la canela, el azúcar, ½ cucharadita de sal y abundante pimienta negra. Remueve para cubrir el arroz con el aceite y luego agrega las lentejas cocidas y el agua. Llevar a ebullición, tapar y cocinar a fuego muy lento durante 15 minutos.

d) Retirar del fuego, quitar la tapa y cubrir rápidamente la sartén con un paño de cocina limpio. Sellar herméticamente con la tapa y dejar reposar durante 10 minutos.

e) Por último, añade la mitad de la cebolla frita al arroz y las lentejas y remueve suavemente con un tenedor. Apila la mezcla en un tazón poco profundo y cubre con el resto de la cebolla.

55. Hannukah Maqluba

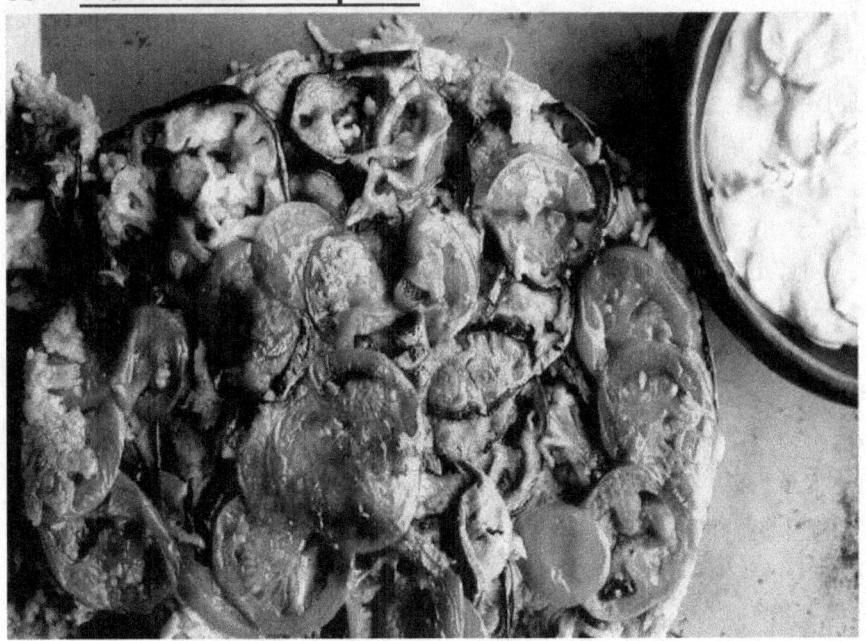

Rinde: 4 A 6

INGREDIENTES

- 2 berenjenas medianas (1½ lb / 650 g en total), cortadas en rodajas de ¼ de pulgada / 0,5 cm
- 1⅔ tazas / 320 g de arroz basmati
- 6 a 8 muslos de pollo deshuesados, con piel, aproximadamente 1¾ lb / 800 g en total
- 1 cebolla grande, cortada en cuartos a lo largo
- 10 granos de pimienta negra
- 2 hojas de laurel
- 4 tazas / 900 ml de agua
- aceite de girasol, para freír
- 1 coliflor mediana (500 g / 1 libra), dividida en floretes grandes
- mantequilla derretida, para engrasar la sartén
- 3 a 4 tomates maduros medianos (350 g/12 oz en total), cortados en rodajas de 0,5 cm/¼ de pulgada de grosor
- 4 dientes de ajo grandes, cortados por la mitad
- 1 cucharadita de cúrcuma molida
- 1 cucharadita de canela molida
- 1 cucharadita de pimienta de Jamaica molida
- ¼ cucharadita de pimienta negra recién molida
- 1 cucharadita de mezcla de especias baharat (comprada en la tienda over receta)
- 3½ cucharadas / 30 g de piñones, fritos en 1 cucharada / 15 g de ghee o mantequilla sin sal hasta que estén dorados
- yogur con pepino, servir
- sal

INSTRUCCIONES

a) Colocar las rodajas de berenjena sobre toallas de papel, espolvorear con sal por ambos lados y dejar reposar 20 minutos para que pierda un poco de agua.

b) Lavar el arroz y remojar en abundante agua fría y 1 cucharadita de sal durante al menos 30 minutos.

c) Mientras tanto, calienta una cacerola grande a fuego medio-alto y dora el pollo durante 3 a 4 minutos por cada lado, hasta que esté dorado (la piel del pollo debe producir suficiente aceite para cocinarlo; si es necesario, agrega un poco de aceite de girasol). Agrega la cebolla, los granos de pimienta, las hojas de laurel y el agua. Llevar a ebullición, luego tapar y cocinar a fuego lento durante 20 minutos. Retire el pollo de la sartén y déjelo a un lado. Colar el caldo y reservar para más tarde, desnatando la grasa.

d) Mientras se cocina el pollo, caliente una cacerola o una cacerola, preferiblemente antiadherente y de aproximadamente 9½ pulgadas/24 cm de diámetro y 5 pulgadas/12 cm de profundidad, a fuego medio-alto. Agregue suficiente aceite de girasol para cubrir aproximadamente ¾ de pulgada / 2 cm por los lados de la sartén. Cuando empieces a ver pequeñas burbujas en la superficie, con cuidado (¡puede escupir!), coloca algunos de los floretes de coliflor en el aceite y fríelos hasta que estén dorados, hasta por 3 minutos. Use una espumadera para transferir el primer lote a toallas de papel y espolvoree con sal. Repita con la coliflor restante.

e) Seque las rodajas de berenjena con toallas de papel y fríalas de la misma manera en tandas.

f) Retire el aceite de la sartén y límpiela. Si no es una sartén antiadherente, cubre el fondo con un círculo de papel pergamino cortado del tamaño exacto y unta los lados con un poco de mantequilla derretida. Ahora estás listo para colocar capas de maqluba.

g) Comience disponiendo las rodajas de tomate en una capa, superpuestas, seguidas de las rodajas de berenjena. A continuación, dispone los trozos de coliflor y los muslos de pollo. Escurrir bien el arroz y extenderlo sobre la última capa y esparcir los trozos de ajo por encima. Mida 3 tazas/700 ml del caldo de pollo reservado y mezcle todas las especias, más 1 cucharadita de sal. Vierta esto sobre el arroz y luego presione suavemente con las manos, asegurándose de que todo el arroz esté cubierto con caldo. Agregue un poco más de caldo o agua si es necesario.

h) Pon la sartén a fuego medio y deja que hierva a fuego lento; No es necesario que el caldo hierva a fuego lento, pero sí debes asegurarte de que hierva adecuadamente antes de cubrir la sartén con una tapa, bajar el fuego a bajo y cocinar a fuego lento durante 30 minutos. No caigas en la tentación de destapar la sartén; Tendrás que dejar que el arroz se cocine al vapor adecuadamente. Retire la sartén del fuego, retire la tapa y coloque rápidamente un paño de cocina limpio sobre la sartén, luego vuelva a sellar con la tapa. Dejar reposar 10 minutos.

i) Una vez que esté listo, retire la tapa, invierta un plato o fuente redondo grande para servir sobre el recipiente abierto y, con cuidado pero rápidamente, invierta el recipiente y el plato juntos, sujetando ambos lados firmemente. Deje la sartén en el plato durante 2 a 3 minutos, luego levántela lenta y cuidadosamente. Adorna con los piñones y sirve con el Yogurt con pepino.

56. Cuscús con tomate y cebolla

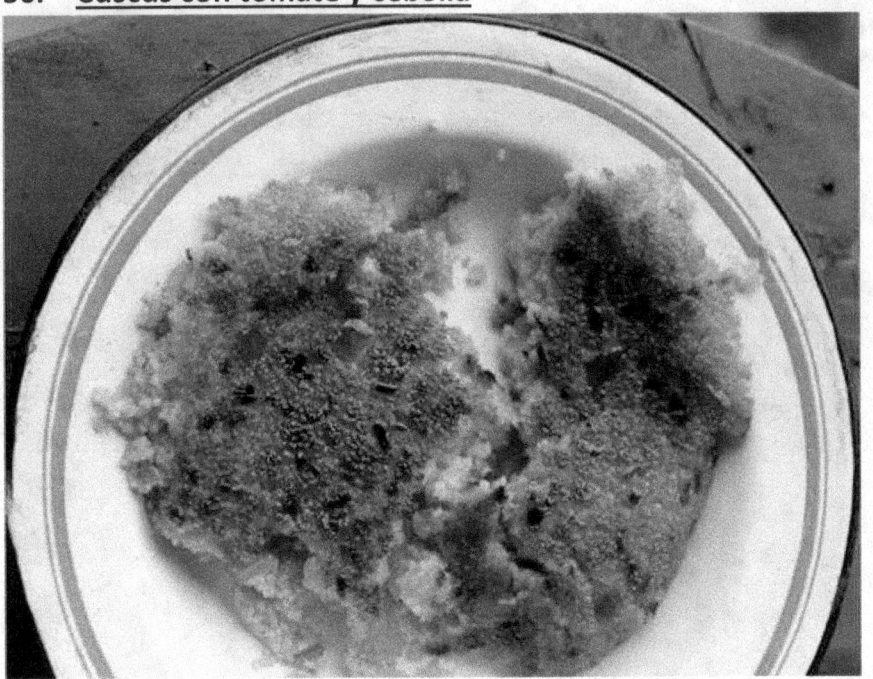

Hace: 4
INGREDIENTES
- 3 cucharadas de aceite de oliva
- 1 cebolla mediana, finamente picada (1 taza/160 g en total)
- 1 cucharada de pasta de tomate
- ½ cucharadita de azúcar
- 2 tomates muy maduros, cortados en dados de ¼ de pulgada / 0,5 cm (1¾ tazas / 320 g en total)
- 1 taza / 150 g de cuscús
- 1 taza / 220 ml de caldo de pollo o de verduras hirviendo
- 2½ cucharadas / 40 g de mantequilla sin sal
- sal y pimienta negra recién molida

INSTRUCCIONES

a) Vierta 2 cucharadas de aceite de oliva en una sartén antiadherente de aproximadamente 8½ pulgadas / 22 cm de diámetro y colóquela a fuego medio. Agregue la cebolla y cocine durante 5 minutos, revolviendo con frecuencia, hasta que se ablande pero no tenga color. Agrega la pasta de tomate y el azúcar y cocina por 1 minuto. Agrega los tomates, ½ cucharadita de sal y un poco de pimienta negra y cocina por 3 minutos.

b) Mientras tanto, ponga el cuscús en un recipiente poco profundo, vierta sobre el caldo hirviendo y cubra con film transparente. Déjalo reposar durante 10 minutos, luego retira la tapa y esponja el cuscús con un tenedor. Agrega la salsa de tomate y revuelve bien.

c) Limpia la sartén y calienta la mantequilla y la cucharada restante de aceite de oliva a fuego medio. Cuando la mantequilla se haya derretido, vierta el cuscús en la sartén y use el dorso de la cuchara para darle palmaditas suaves para que quede bien empaquetado. Cubre la sartén, reduce el fuego al mínimo y deja que el cuscús se cocine al vapor durante 10 a 12 minutos, hasta que puedas ver un color marrón claro alrededor de los bordes. Utilice una espátula acodada o un cuchillo para ayudarle a mirar entre el borde del cuscús y el costado de la sartén: desea un borde realmente crujiente en toda la base y los lados.

d) Invierta un plato grande encima de la sartén y rápidamente invierta la sartén y el plato juntos, soltando el cuscús en el plato. Servir tibio o a temperatura ambiente.

57. Sopa de berros y garbanzos con agua de rosas

Hace: 4

INGREDIENTES
- 2 zanahorias medianas (9 oz / 250 g en total), cortadas en dados de ¾ de pulgada / 2 cm
- 3 cucharadas de aceite de oliva
- 2½ cucharaditas de ras el hanout
- ½ cucharadita de canela molida
- 1½ tazas / 240 g de garbanzos cocidos, frescos o enlatados
- 1 cebolla mediana, en rodajas finas
- 2½ cucharadas / 15 g de jengibre fresco pelado y finamente picado
- 2½ tazas / 600 ml de caldo de verduras
- 7 oz / 200 g de berros
- 3½ oz / 100 g de hojas de espinaca
- 2 cucharaditas de azúcar extrafina
- 1 cucharadita de agua de rosas
- sal
- yogur griego, para servir (opcional)
- Precalienta el horno a 425°F / 220°C.

INSTRUCCIONES
a) Mezcle las zanahorias con 1 cucharada de aceite de oliva, el ras el hanout, la canela y una pizca generosa de sal y extiéndalas en una fuente para horno forrada con papel pergamino. Coloca en el horno por 15 minutos, luego agrega la mitad de los garbanzos, revuelve bien y cocina por otros 10 minutos, hasta que la zanahoria se ablande pero aún tenga un toque.

b) Mientras tanto, coloca la cebolla y el jengibre en una cacerola grande. Saltee con el aceite de oliva restante durante unos 10 minutos a fuego medio, hasta que la cebolla esté completamente suave y dorada. Agregue el resto de los garbanzos, el caldo, los berros, las espinacas, el azúcar y ¾ de cucharadita de sal, revuelva bien y deje hervir. Cocine durante uno o dos minutos, hasta que las hojas se marchiten.

c) Con un procesador de alimentos o una licuadora, mezcle la sopa hasta que quede suave. Agrega el agua de rosas, revuelve, prueba y agrega más sal o agua de rosas si lo deseas. Reserva hasta que la zanahoria y los garbanzos estén listos, luego vuelve a calentar para servir.

d) Para servir, divida la sopa en cuatro tazones y cubra con la zanahoria y los garbanzos calientes y, si lo desea, aproximadamente 2 cucharaditas de yogur por porción.

58. Sopa caliente de yogur y cebada

Hace: 4

INGREDIENTES
- 6¾ tazas / 1,6 litros de agua
- 1 taza / 200 g de cebada perlada
- 2 cebollas medianas, finamente picadas
- 1½ cucharadita de menta seca
- 4 cucharadas / 60 g de mantequilla sin sal
- 2 huevos grandes, batidos
- 2 tazas / 400 g de yogur griego
- ⅔ oz / 20 g de menta fresca, picada
- ⅓ oz / 10 g de perejil de hoja plana, picado
- 3 cebollas verdes, en rodajas finas
- sal y pimienta negra recién molida

INSTRUCCIONES
a) Hierva el agua con la cebada en una cacerola grande, agregue 1 cucharadita de sal y cocine a fuego lento hasta que la cebada esté cocida pero aún al dente, de 15 a 20 minutos. Retirar del fuego. Una vez cocida, necesitarás 4¾ tazas / 1,1 litros del líquido de cocción de la sopa; rellénelo con agua si le queda menos debido a la evaporación.

b) Mientras se cocina la cebada, saltee la cebolla y la menta seca a fuego medio en la mantequilla hasta que estén suaves, aproximadamente 15 minutos. Agregue esto a la cebada cocida.

c) Batir los huevos y el yogur en un tazón grande resistente al calor. Mezcle lentamente un poco de cebada y agua, un cucharón a la vez, hasta que el yogur se haya calentado. Esto templará el yogur y los huevos y evitará que se partan cuando se agreguen al líquido caliente. Agregue el yogur a la olla de sopa y vuelva a poner a fuego medio, revolviendo continuamente, hasta que la sopa hierva a fuego lento. Retirar del fuego, agregar las hierbas picadas y las cebolletas y comprobar la sazón. Servir caliente.

59. Sopa cannellini de judías y cordero

Hace: 4

INGREDIENTES
- 1 cucharada de aceite de girasol
- 1 cebolla pequeña (5 oz / 150 g en total), finamente picada
- ¼ de raíz de apio pequeña, pelada y cortada en dados de ¼ de pulgada / 0,5 cm (6 oz / 170 g en total)
- 20 dientes de ajo grandes, pelados pero enteros
- 1 cucharadita de comino molido
- 1 libra / 500 g de carne de cordero guisada (o ternera si lo prefiere), cortada en cubos de ¾ de pulgada / 2 cm
- 7 tazas / 1,75 litros de agua
- ½ taza / 100 g de frijoles cannellini o pintos secos, remojados durante la noche en abundante agua fría y luego escurridos
- 7 vainas de cardamomo, ligeramente trituradas
- ½ cucharadita de cúrcuma molida
- 2 cucharadas de pasta de tomate
- 1 cucharadita de azúcar extrafina
- 9 oz / 250 g Yukon Gold u otra papa de pulpa amarilla, pelada y cortada en cubos de ¾ de pulgada / 2 cm
- sal y pimienta negra recién molida
- pan, para servir
- jugo de limón recién exprimido, para servir
- cilantro picado oZhoug

INSTRUCCIONES
a) Calienta el aceite en una sartén grande y cocina la cebolla y la raíz de apio a fuego medio-alto durante 5 minutos, o hasta que la cebolla comience a dorarse. Agrega los dientes de ajo y el comino y cocina por 2 minutos más. Retirar del fuego y reservar.
b) Coloque la carne y el agua en una cacerola grande o en una cacerola a fuego medio-alto, hierva, baje el fuego y cocine a fuego lento durante 10 minutos, desnatando la superficie con frecuencia hasta obtener un caldo claro. Agregue la mezcla de cebolla y raíz de apio, los frijoles escurridos, el cardamomo, la

cúrcuma, la pasta de tomate y el azúcar. Llevar a ebullición, tapar y cocinar a fuego lento durante 1 hora o hasta que la carne esté tierna.

c) Agrega las patatas a la sopa y sazona con 1 cucharadita de sal y ½ cucharadita de pimienta negra. Vuelva a hervir, baje el fuego y cocine a fuego lento, sin tapar, durante 20 minutos más, o hasta que las patatas y los frijoles estén tiernos. La sopa debe quedar espesa. Deje que burbujee un poco más, si es necesario, para reducir o agregue un poco de agua. Pruebe y agregue más condimentos a su gusto. Sirva la sopa con pan y un poco de jugo de limón y cilantro fresco picado o zhoug.

60. Sopa de mariscos e hinojo

Hace: 4

INGREDIENTES
- 2 cucharadas de aceite de oliva
- 4 dientes de ajo, en rodajas finas
- 2 bulbos de hinojo (10½ oz / 300 g en total), recortados y cortados en gajos finos
- 1 papa cerosa grande (200 g / 7 oz en total), pelada y cortada en cubos de 1,5 cm / ⅔ de pulgada
- 3 tazas / 700 ml de caldo de pescado (o caldo de pollo o de verduras, si se prefiere)
- ½ limón en conserva mediano (½ oz / 15 g en total), comprado en la tienda over receta
- 1 chile rojo, rebanado (opcional)
- 6 tomates (14 oz / 400 g en total), pelados y cortados en cuartos
- 1 cucharada de pimentón dulce
- buena pizca de azafrán
- 4 cucharadas de perejil de hoja plana finamente picado
- 4 filetes de lubina (aproximadamente 10½ oz / 300 g en total), con piel y cortados por la mitad
- 14 mejillones (aproximadamente 8 oz / 220 g en total)
- 15 almejas (aproximadamente 4½ oz / 140 g en total)
- 10 langostinos tigre (unos 220 g / 8 oz en total), con cáscara o pelados y desvenados
- 3 cucharadas de arak, ouzo o Pernod
- 2 cucharaditas de estragón picado (opcional)
- sal y pimienta negra recién molida

INSTRUCCIONES

a) Coloca el aceite de oliva y el ajo en una sartén amplia de borde bajo y cocina a fuego medio durante 2 minutos sin colorear el ajo. Agregue el hinojo y la papa y cocine de 3 a 4 minutos más. Agrega el caldo y el limón en conserva, sazona con ¼ de cucharadita de sal y un poco de pimienta negra, deja hervir, luego tapa y cocina a fuego lento de 12 a 14 minutos, hasta que las papas estén cocidas. Agregue el chile (si lo usa), los tomates, las especias y la mitad del perejil y cocine por 4 a 5 minutos más.

b) En este punto, agregue otros 1¼ tazas / 300 ml de agua, simplemente la cantidad necesaria para poder cubrir el pescado y escalfarlo, y vuelva a hervir a fuego lento. Agrega la lubina y los mariscos, tapa la cacerola y deja hervir con bastante fuerza durante 3 a 4 minutos, hasta que los mariscos se abran y los langostinos se pongan rosados.

c) Con una espumadera, retire el pescado y los mariscos de la sopa. Si todavía está un poco aguada, deja que la sopa hierva unos minutos más para que reduzca. Agregue el arak y pruebe para sazonar.

d) Por último, devuelve los mariscos y el pescado a la sopa para recalentarlos. Sirva de inmediato, adornado con el resto del perejil y el estragón, si lo usa.

61. sopa de pistacho

Hace: 4

INGREDIENTES
- 2 cucharadas de agua hirviendo
- ¼ cucharadita de hebras de azafrán
- 1⅔ tazas / 200 g de pistachos pelados y sin sal
- 2 cucharadas / 30 g de mantequilla sin sal
- 4 chalotes, finamente picados (3½ oz / 100 g en total)
- 1 oz / 25 g de jengibre, pelado y finamente picado
- 1 puerro finamente picado (1¼ tazas / 150 g en total)
- 2 cucharaditas de comino molido
- 3 tazas / 700 ml de caldo de pollo
- ⅓ taza / 80 ml de jugo de naranja recién exprimido
- 1 cucharada de jugo de limón recién exprimido
- sal y pimienta negra recién molida
- crema agria, para servir

INSTRUCCIONES

a) Precalienta el horno a 350°F / 180°C. Verter el agua hirviendo sobre las hebras de azafrán en una taza pequeña y dejar en infusión durante 30 minutos.

b) Para quitar la piel de los pistachos, escaldamos las nueces en agua hirviendo durante 1 minuto, las escurrimos y, mientras aún están calientes, retiramos la piel presionando las nueces entre los dedos. No toda la piel se desprenderá como ocurre con las almendras (esto está bien, ya que no afectará la sopa), pero eliminar un poco de piel mejorará el color y lo hará de un verde más brillante. Extiende los pistachos en una bandeja para horno y ásalos en el horno durante 8 minutos. Retirar y dejar enfriar.

c) Calienta la mantequilla en una cacerola grande y agrega las chalotas, el jengibre, el puerro, el comino, ½ cucharadita de sal y un poco de pimienta negra. Saltee a fuego medio durante 10 minutos, revolviendo con frecuencia, hasta que las chalotas estén completamente suaves. Añadimos el caldo y la mitad del líquido de azafrán. Tapa la cacerola, baja el fuego y deja que la sopa hierva a fuego lento durante 20 minutos.

d) Coloque todos los pistachos menos 1 cucharada en un tazón grande junto con la mitad de la sopa. Use una licuadora de mano para batir hasta que quede suave y luego regrésela a la cacerola. Agrega el jugo de naranja y limón, recalienta y prueba para ajustar la sazón.

e) Para servir, pique en trozos grandes los pistachos reservados. Transfiera la sopa caliente a tazones y cubra con una cucharada de crema agria. Espolvorea con los pistachos y rocía con el líquido de azafrán restante.

62. Sopa de berenjena quemada y mograbieh

Hace: 4

INGREDIENTES

- 5 berenjenas pequeñas (aproximadamente 2½ lb / 1,2 kg en total)
- aceite de girasol, para freír
- 1 cebolla cortada en rodajas (aproximadamente 1 taza/125 g en total)
- 1 cucharada de semillas de comino, recién molidas
- 1½ cucharadita de pasta de tomate
- 2 tomates grandes (350 g / 12 oz en total), pelados y cortados en cubitos
- 1½ tazas / 350 ml de caldo de pollo o verduras
- 1⅔ tazas / 400 ml de agua
- 4 dientes de ajo machacados
- 2½ cucharaditas de azúcar
- 2 cucharadas de jugo de limón recién exprimido
- ⅓ taza/100 g de mograbieh, o una alternativa, como maftoul, fregola o cuscús gigante (versección sobre cuscús)
- 2 cucharadas de albahaca rallada o 1 cucharada de eneldo picado, opcional
- sal y pimienta negra recién molida

INSTRUCCIONES

a) Empieza quemando tres de las berenjenas. Para hacer esto, siga las instrucciones paraBerenjena quemada con ajo, limón y semillas de granada.

b) Corta las berenjenas restantes en dados de ⅔ de pulgada/1,5 cm. Calienta aproximadamente ⅔ de taza/150 ml de aceite en una cacerola grande a fuego medio-alto. Cuando esté caliente añadimos los dados de berenjena. Freír durante 10 a 15 minutos, revolviendo con frecuencia, hasta que todo tenga color; agregue un poco más de aceite si es necesario para que siempre haya algo de aceite en la sartén. Retire la berenjena, colóquela en un colador para que escurra y espolvoree con sal.

c) Asegúrese de que quede aproximadamente 1 cucharada de aceite en la sartén, luego agregue la cebolla y el comino y saltee durante aproximadamente 7 minutos, revolviendo con frecuencia. Agrega la pasta de tomate y cocina por un minuto más antes de agregar los tomates, el caldo, el agua, el ajo, el azúcar, el jugo de limón, 1½ cucharadita de sal y un poco de pimienta negra. Cocine a fuego lento durante 15 minutos.

d) Mientras tanto, hierva una cacerola pequeña con agua con sal y agregue el mograbieh o una alternativa. Cocine hasta que esté al dente; esto variará según la marca, pero debería tomar de 15 a 18 minutos (consulte el paquete). Escurrir y refrescar con agua fría.

e) Transfiera la pulpa de berenjena quemada a la sopa y mezcle hasta obtener un líquido suave con una batidora de mano. Añade el mograbieh y la berenjena frita, reserva un poco para decorar al final y cocina a fuego lento durante 2 minutos más. Prueba y ajusta el sazón. Sirva caliente, con el mograbieh reservado y la berenjena frita encima y adorne con albahaca o eneldo, si lo desea.

63. Sopa de tomate y masa madre

Hace: 4

INGREDIENTES
- 2 cucharadas de aceite de oliva, más un poco más para terminar
- 1 cebolla grande, picada (1⅔ tazas / 250 g en total)
- 1 cucharadita de semillas de comino
- 2 dientes de ajo machacados
- 3 tazas / 750 ml de caldo de verduras
- 4 tomates maduros grandes, picados (4 tazas/650 g en total)
- una lata de 400 g / 14 oz de tomates italianos picados
- 1 cucharada de azúcar extrafina
- 1 rebanada de pan de masa madre (1½ oz / 40 g en total)
- 2 cucharadas de cilantro picado, más un poco más para terminar
- sal y pimienta negra recién molida

INSTRUCCIONES

a) Calienta el aceite en una cacerola mediana y agrega la cebolla. Saltee durante unos 5 minutos, revolviendo con frecuencia, hasta que la cebolla esté transparente. Agrega el comino y el ajo y sofríe durante 2 minutos. Vierta el caldo, ambos tipos de tomate, el azúcar, 1 cucharadita de sal y un buen molido de pimienta negra.

b) Llevar la sopa a fuego lento y cocinar durante 20 minutos, añadiendo el pan cortado en trozos a mitad de la cocción. Finalmente, agregue el cilantro y luego mezcle, usando una licuadora, en unas cuantas pulsaciones para que los tomates se deshagan pero aún estén un poco gruesos y con trozos. La sopa debe quedar bastante espesa; agregue un poco de agua si está demasiado espesa en este punto. Sirva, rociado con aceite y espolvoreado con cilantro fresco.

64. Sopa clara de pollo con knaidlach

Hace: 4

INGREDIENTES

- 1 pollo de corral, aproximadamente 4½ lb / 2 kg, dividido en cuartos, con todos los huesos, más menudencias si puedes conseguirlas y las alas o huesos adicionales que puedes conseguir en el carnicero
- 1½ cucharadita de aceite de girasol
- 1 taza / 250 ml de vino blanco seco
- 2 zanahorias, peladas y cortadas en rodajas de ¾ de pulgada / 2 cm (2 tazas / 250 g en total)
- 4 tallos de apio (aproximadamente 300 g/10½ oz en total), cortados en gajos de 6 cm/2½ pulgadas
- 2 cebollas medianas (aproximadamente 350 g / 12 oz en total), cortadas en 8 gajos
- 1 nabo grande (200 g / 7 oz), pelado, recortado y cortado en 8 gajos
- 2 oz / 50 g manojo de perejil de hoja plana
- 2 oz / 50 g de manojo de cilantro
- 5 ramitas de tomillo
- 1 ramita pequeña de romero
- ¾ oz / 20 g de eneldo, más extra para decorar
- 3 hojas de laurel
- 3½ oz / 100 g de jengibre fresco, en rodajas finas
- 20 granos de pimienta negra
- 5 bayas de pimienta de Jamaica
- sal

KNAIDLACH (Hace: 12 A 15)

- 2 huevos extra grandes
- 2½ cucharadas / 40 g de margarina o grasa de pollo, derretida y dejada enfriar un poco
- 2 cucharadas de perejil de hoja plana finamente picado
- ⅔ taza / 75 g de harina de matzá
- 4 cucharadas de agua con gas
- sal y pimienta negra recién molida

INSTRUCCIONES

a) Para hacer el knaidlach, bate los huevos en un tazón mediano hasta que estén espumosos. Agrega la margarina derretida, luego ½ cucharadita de sal, un poco de pimienta negra y el perejil. Poco a poco, agregue la harina de matzá, seguido del agua con gas y revuelva hasta obtener una pasta uniforme. Cubra el tazón y enfríe la masa hasta que esté fría y firme, al menos una o dos horas y hasta 1 día antes.

b) Forre una bandeja para hornear con papel film. Con las manos mojadas y una cuchara, forme bolas con la masa del tamaño de nueces pequeñas y colóquelas en la bandeja para hornear.

c) Coloque las bolas de matzá en una olla grande con agua hirviendo con sal. Cubra parcialmente con una tapa y baje el fuego a bajo. Cocine a fuego lento hasta que estén tiernos, aproximadamente 30 minutos.

d) Con una espumadera, transfiera el knaidlach a una bandeja para hornear limpia donde puedan enfriarse y luego enfriarse por hasta un día. O pueden ir directamente a la sopa caliente.

e) Para la sopa, retire el exceso de grasa del pollo y deséchelo. Vierta el aceite en una cacerola muy grande o en una olla y dore los trozos de pollo a fuego alto por todos lados, de 3 a 4 minutos. Retirar de la sartén, desechar el aceite y limpiar la sartén. Agrega el vino y déjalo burbujear por un minuto. Devuelva el pollo, cúbralo con agua y déjelo hervir a fuego lento. Cocine a fuego lento durante unos 10 minutos, quitando la espuma. Agrega las zanahorias, el apio, la cebolla y el nabo. Ate todas las hierbas en un manojo con una cuerda y agréguelas a la olla. Agrega las hojas de laurel, el jengibre, los granos de pimienta, la pimienta de Jamaica y 1½ cucharaditas de sal y luego vierte suficiente agua para cubrir todo bien.

f) Vuelva a llevar la sopa a fuego lento y cocine durante 1½ horas, desnatando ocasionalmente y agregando agua según sea necesario para mantener todo bien cubierto. Saca el pollo de la sopa y retira la carne de los huesos. Guarda la carne en un bol con un poco de caldo para mantenerla húmeda y refrigera; reservar para otro uso. Regrese los huesos a la olla y cocine a fuego lento durante una hora más, agregando suficiente agua para mantener los huesos y las verduras cubiertos. Cuela la sopa caliente y desecha las hierbas, las verduras y los huesos. Calentar el knaidlach cocido en la sopa. Una vez que estén calientes, sirve la sopa y el knaidlach en tazones poco profundos, espolvoreados con eneldo.

65. Sopa picante de freekeh con albóndigas

Hace: 6
ALBÓNDIGAS

INGREDIENTES
- 14 oz / 400 g de carne molida de res, cordero o una combinación de ambos
- 1 cebolla pequeña (5 oz / 150 g en total), finamente picada
- 2 cucharadas de perejil de hoja plana finamente picado
- ½ cucharadita de pimienta de Jamaica molida
- ¼ cucharadita de canela molida
- 3 cucharadas de harina para todo uso
- 2 cucharadas de aceite de oliva
- sal y pimienta negra recién molida
- SOPA
- 2 cucharadas de aceite de oliva
- 1 cebolla grande (9 oz / 250 g en total), picada
- 3 dientes de ajo machacados
- 2 zanahorias (9 oz / 250 g en total), peladas y cortadas en cubos de ⅜ de pulgada / 1 cm
- 2 tallos de apio (150 g / 5 oz en total), cortados en cubos de 1 cm / ⅜ de pulgada
- 3 tomates grandes (350 g / 12 oz en total), picados
- 2½ cucharadas / 40 g de pasta de tomate
- 1 cucharada de mezcla de especias baharat (comprada en la tienda over receta)
- 1 cucharada de cilantro molido
- 1 rama de canela
- 1 cucharada de azúcar extrafina
- 1 taza / 150 g de freekeh partido
- 2 tazas / 500 ml de caldo de res
- 2 tazas / 500 ml de caldo de pollo
- 3¼ tazas / 800 ml de agua caliente
- ⅓ oz / 10 g de cilantro, picado
- 1 limón, cortado en 6 gajos

INSTRUCCIONES

a) Empieza con las albóndigas. En un tazón grande, mezcle la carne, la cebolla, el perejil, la pimienta de Jamaica, la canela, ½ cucharadita de sal y ¼ de cucharadita de pimienta. Con las manos, mezcle bien, luego forme bolas del tamaño de una ping-pong con la mezcla y enróllelas en la harina; obtendrás unas 15. Calienta el aceite de oliva en una olla grande y fríe las albóndigas a fuego medio durante unos minutos, hasta que estén doradas por todos lados. Retire las albóndigas y reserve.

b) Limpia la sartén con toallas de papel y agrega el aceite de oliva para la sopa. A fuego medio sofreír la cebolla y el ajo durante 5 minutos. Agregue las zanahorias y el apio y cocine por 2 minutos. Agrega los tomates, la pasta de tomate, las especias, el azúcar, 2 cucharaditas de sal y ½ cucharadita de pimienta y cocina por 1 minuto más. Agregue el freekeh y cocine de 2 a 3 minutos. Agrega el caldo, el agua caliente y las albóndigas. Llevar a ebullición, bajar el fuego y cocinar a fuego lento durante 35 a 45 minutos más, revolviendo ocasionalmente, hasta que el freekeh esté tierno y tierno. La sopa debe quedar bastante espesa. Reducir o añadir un poco de agua según sea necesario. Finalmente, prueba y ajusta la sazón.

c) Sirva la sopa caliente en tazones para servir y espolvoree con el cilantro. Sirve las rodajas de limón a un lado.

66. Membrillo Relleno De Cordero Con Granada Y Cilantro

Hace: 4

INGREDIENTES
- 14 oz / 400 g de cordero molido
- 1 diente de ajo, machacado
- 1 chile rojo, picado
- ⅔ oz / 20 g de cilantro picado, más 2 cucharadas para decorar
- ½ taza / 50 g de pan rallado
- 1 cucharadita de pimienta de Jamaica molida
- 2 cucharadas de jengibre fresco finamente rallado
- 2 cebollas medianas, finamente picadas (1⅓ tazas / 220 g en total)
- 1 huevo grande de corral
- 4 membrillos (2¾ lb / 1,3 kg en total)
- jugo de ½ limón, más 1 cucharada de jugo de limón recién exprimido
- 3 cucharadas de aceite de oliva
- 8 vainas de cardamomo
- 2 cucharaditas de melaza de granada
- 2 cucharaditas de azúcar
- 2 tazas / 500 ml de caldo de pollo
- semillas de ½ granada
- sal y pimienta negra recién molida

INSTRUCCIONES

a) Coloque el cordero en un tazón junto con el ajo, el chile, el cilantro, el pan rallado, la pimienta de Jamaica, la mitad del jengibre, la mitad de la cebolla, el huevo, ¾ de cucharadita de sal y un poco de pimienta. Mezclar bien con las manos y reservar.

b) Pelar los membrillos y cortarlos por la mitad a lo largo. Ponlas en un bol con agua fría con el zumo de ½ limón para que no se doren. Use una sacabolas de melón o una cuchara pequeña para quitar las semillas y luego ahueque las mitades de membrillo para que quede una cáscara de ⅔ de pulgada / 1,5 cm. Guarde la carne extraída. Rellenar los huecos con la mezcla de cordero, empujando hacia abajo con las manos.

c) Calienta el aceite de oliva en una sartén grande que tengas tapa. Coloque la pulpa de membrillo reservada en un procesador de alimentos, pique bien y luego transfiera la mezcla a la sartén junto con el resto de la cebolla, el jengibre y las vainas de cardamomo. Saltee durante 10 a 12 minutos, hasta que la cebolla se ablande. Agrega la melaza, 1 cucharada de jugo de limón, el azúcar, el caldo, ½ cucharadita de sal y un poco de pimienta negra y mezcla bien. Agregue las mitades de membrillo a la salsa, con el relleno de carne hacia arriba, baje el fuego a fuego lento, cubra la sartén y cocine por unos 30 minutos. Al final el membrillo debe quedar completamente blando, la carne bien cocida y la salsa espesa. Levante la tapa y cocine a fuego lento durante uno o dos minutos para reducir la salsa si es necesario.

d) Sirva caliente o a temperatura ambiente, espolvoreado con cilantro y semillas de granada.

67. **Pastel de nabo y ternera**

Hace: 4

INGREDIENTES
- 1⅔ tazas / 300 g de arroz basmati
- 14 oz / 400 g de ternera, cordero o ternera molida
- ½ taza / 30 g de perejil de hoja plana picado
- 1½ cucharadita de mezcla de especias baharat (comprada en la tienda over receta)
- ½ cucharadita de canela molida
- ½ cucharadita de hojuelas de chile
- 2 cucharadas de aceite de oliva
- 10 a 15 nabos medianos (3¼ lb / 1,5 kg en total)
- aproximadamente 1⅔ tazas / 400 ml de aceite de girasol
- 2 tazas / 300 g de tomates picados, enlatados están bien
- 1½ cucharada de pasta de tamarindo
- ¾ taza más 2 cucharadas / 200 ml de caldo de pollo, caliente
- 1 taza / 250 ml de agua
- 1½ cucharada de azúcar extrafina
- 2 ramitas de tomillo, con las hojas recogidas
- sal y pimienta negra recién molida

INSTRUCCIONES
a) Lavar el arroz y escurrir bien. Colóquelo en un tazón grande y agregue la carne, el perejil, el baharat, la canela, 2 cucharaditas de sal, ½ cucharadita de pimienta, el chile y el aceite de oliva. Mezcle bien y deje reposar.

b) Pela los nabos y córtalos en rodajas de 1 cm de grosor. Calienta suficiente aceite de girasol a fuego medio-alto para que cubra ¾ de pulgada/2 cm por los lados de una sartén grande. Freír las rodajas de nabo en tandas durante 3 a 4 minutos por tanda, hasta que estén doradas. Transfiera a un plato forrado con toallas de papel, espolvoree con un poco de sal y deje enfriar.

c) Coloque los tomates, el tamarindo, el caldo, el agua, el azúcar, 1 cucharadita de sal y ½ cucharadita de pimienta en un tazón grande. Batir bien. Vierta aproximadamente un tercio de este líquido en una cacerola mediana de fondo grueso (9½ pulgadas/24 cm de diámetro). Coloca un tercio de las rodajas de nabo en el interior. Agrega la mitad de la mezcla de arroz y nivela. Coloca otra capa de nabos, seguida de la segunda mitad del arroz. Terminar con el último de los nabos, presionando suavemente con las manos. Vierta el líquido de tomate restante sobre las capas de nabo y arroz y espolvoree con el tomillo. Desliza suavemente una espátula por los lados de la olla para permitir que los jugos fluyan hacia el fondo.

d) Colocar a fuego medio y llevar a ebullición. Baje el fuego al mínimo absoluto, tape y cocine a fuego lento durante 1 hora. Retirar del fuego, destapar y dejar reposar de 10 a 15 minutos antes de servir. Desafortunadamente, es imposible invertir el pastel en un plato porque no mantiene su forma, por lo que hay que sacarlo con una cuchara.

68. Cebollas Rellenas De Hannukah

Rinde: UNAS 16 CEBOLLAS RELLENAS

INGREDIENTES

- 4 cebollas grandes (900 g / 2 lb en total, peso pelado) aproximadamente 1⅔ tazas / 400 ml de caldo de verduras
- 1½ cucharada de melaza de granada
- sal y pimienta negra recién molida
- RELLENO
- 1½ cucharada de aceite de oliva
- 1 taza / 150 g de chalotas finamente picadas
- ½ taza / 100 g de arroz de grano corto
- ¼ de taza / 35 g de piñones triturados
- 2 cucharadas de menta fresca picada
- 2 cucharadas de perejil de hoja plana picado
- 2 cucharaditas de menta seca
- 1 cucharadita de comino molido
- ⅛ cucharadita de clavo molido
- ¼ cucharadita de pimienta de Jamaica molida
- ¾ cucharadita de sal
- ½ cucharadita de pimienta negra recién molida
- 4 rodajas de limón (opcional)

INSTRUCCIONES

a) Pele y corte aproximadamente ¼ de pulgada / 0,5 cm de la parte superior y las colas de las cebollas, coloque las cebollas cortadas en una cacerola grande con abundante agua, déjelas hervir y cocine por 15 minutos. Escurrir y reservar para que se enfríe.

b) Para preparar el relleno, calienta el aceite de oliva en una sartén mediana a fuego medio-alto y agrega las chalotas. Saltee durante 8 minutos, revolviendo con frecuencia, luego agregue todos los ingredientes restantes excepto las rodajas de limón. Baje el fuego a bajo y continúe cocinando y revolviendo durante 10 minutos.

c) Con un cuchillo pequeño, haga un corte largo desde la parte superior de la cebolla hasta la parte inferior, hasta el centro, de modo que cada capa de cebolla tenga solo una ranura que la atraviese. Comienza a separar suavemente las capas de cebolla, una tras otra, hasta llegar al corazón. No te preocupes si algunas de las capas se rasgan un poco al pelarlas; todavía puedes usarlos.

d) Sostenga una capa de cebolla en una mano ahuecada y vierta aproximadamente 1 cucharada de la mezcla de arroz en la mitad de la cebolla, colocando el relleno cerca de un extremo de la abertura. No caigas en la tentación de llenarlo más, ya que debe quedar bien envuelto y cómodo. Dobla el lado vacío de la cebolla sobre el lado relleno y enróllalo bien para que el arroz quede cubierto con unas cuantas capas de cebolla sin aire en el medio. Colóquelo en una sartén mediana con tapa, con la costura hacia abajo, y continúe con el resto de la mezcla de cebolla y arroz. Coloque las cebollas una al lado de la otra en la sartén, de modo que no haya espacio para moverse. Rellena los espacios con partes de la cebolla que no hayan sido rellenas. Agregue suficiente caldo para que las cebollas queden cubiertas en tres cuartas partes, junto con la melaza de granada, y sazone con ¼ de cucharadita de sal.

e) Tape la sartén y cocine a fuego lento lo más bajo posible durante 1½ a 2 horas, hasta que el líquido se haya evaporado. Sirva caliente o a temperatura ambiente, con rodajas de limón si lo desea.

69. Hannukah Kibbeh abierto

Hace: 6

INGREDIENTES
- 1 taza / 125 g de trigo bulgur fino
- 1 taza / 200 ml de agua
- 6 cucharadas / 90 ml de aceite de oliva
- 2 dientes de ajo machacados
- 2 cebollas medianas, finamente picadas
- 1 chile verde, finamente picado
- 350 g / 12 oz de cordero molido
- 1 cucharadita de pimienta de Jamaica molida
- 1 cucharadita de canela molida
- 1 cucharadita de cilantro molido
- 2 cucharadas de cilantro picado grueso
- ½ taza / 60 g de piñones
- 3 cucharadas de perejil de hoja plana picado en trozos grandes
- 2 cucharadas de harina con levadura, más un poco más si es necesario
- 3½ cucharadas / 50 g de pasta tahini ligera
- 2 cucharaditas de jugo de limón recién exprimido
- 1 cucharadita de zumaque
- sal y pimienta negra recién molida

INSTRUCCIONES

a) Precalienta el horno a 400°F / 200°C. Forre un molde desmontable de 20 cm (8 pulgadas) con papel encerado.
b) Coloca el bulgur en un bol grande y cúbrelo con agua. Dejar actuar 30 minutos.
c) Mientras tanto, calienta 4 cucharadas de aceite de oliva en una sartén grande a fuego medio-alto. Saltee el ajo, la cebolla y el chile hasta que estén completamente suaves. Retira todo de la sartén, vuelve a ponerlo a fuego alto y agrega el cordero. Cocine durante 5 minutos, revolviendo continuamente, hasta que se dore.

d) Regrese la mezcla de cebolla a la sartén y agregue las especias, el cilantro, ½ cucharadita de sal, una generosa cantidad de pimienta negra molida y la mayoría de los piñones y el perejil, dejando un poco a un lado. Cocine por un par de minutos, retire del fuego, pruebe y ajuste la sazón.

e) Revisa el bulgur para ver si se ha absorbido toda el agua. Escurrir para eliminar cualquier líquido restante. Agrega la harina, 1 cucharada de aceite de oliva, ¼ de cucharadita de sal y una pizca de pimienta negra y usa tus manos para mezclar todo hasta obtener una mezcla flexible que se mantenga unida; agrega un poco más de harina si la mezcla está muy pegajosa. Empuje firmemente sobre el fondo del molde desmontable para que quede compactado y nivelado. Extienda la mezcla de cordero uniformemente encima y presione un poco hacia abajo. Hornee durante unos 20 minutos, hasta que la carne esté de color marrón bastante oscuro y muy caliente.

f) Mientras esperas, bate la pasta de tahini con el jugo de limón, 3½ cucharadas / 50 ml de agua y una pizca de sal. Lo que busca es una salsa muy espesa pero que se pueda verter. Si es necesario, agregue un poco más de agua.

g) Retirar el bizcocho de kibbeh del horno, esparcir uniformemente la salsa tahini por encima, espolvorear con los piñones reservados y el perejil picado y volver al horno inmediatamente. Hornee durante 10 a 12 minutos, hasta que el tahini esté cuajado y haya adquirido un poco de color y los piñones estén dorados.

h) Retirar del horno y dejar enfriar hasta que esté tibio o a temperatura ambiente. Antes de servir, espolvorea la parte superior con zumaque y rocía con el aceite restante. Retire con cuidado los lados de la sartén y corte el kibbeh en rodajas. Levántalos con cuidado para que no se rompan.

70. kubbeh hamusta

Hace: 6

INGREDIENTES
RELLENO DE KUBBEH
- 1½ cucharada de aceite de girasol
- ½ cebolla mediana, muy finamente picada (½ taza / 75 g en total)
- 350 g / 12 oz de carne molida
- ½ cucharadita de pimienta de Jamaica molida
- 1 diente de ajo grande, machacado
- 2 tallos de apio pálido, muy finamente picados, o la misma cantidad de hojas de apio picadas (½ taza/60 g en total)
- sal y pimienta negra recién molida
- CASOS KUBBEH
- 2 tazas / 325 g de sémola
- 5 cucharadas / 40 g de harina para todo uso
- 1 taza / 220 ml de agua caliente
- SOPA
- 4 dientes de ajo machacados
- 5 tallos de apio, hojas recogidas y tallos cortados en ángulo en rodajas de ⅔ de pulgada/1,5 cm (2 tazas/230 g en total)
- 10½ oz / 300 g de hojas de acelgas, solo la parte verde, cortadas en tiras de ⅔ de pulgada / 2 cm
- 2 cucharadas de aceite de girasol
- 1 cebolla grande, picada en trozos grandes (1¼ tazas / 200 g en total)
- 2 cuartos / 2 litros de caldo de pollo
- 1 calabacín grande, cortado en cubos de ⅜ de pulgada/1 cm (1⅔ tazas/200 g en total)
- 6½ cucharadas / 100 ml de jugo de limón recién exprimido, más extra si es necesario
- rodajas de limón, para servir

INSTRUCCIONES

a) Primero, prepara el relleno de carne. Calienta el aceite en una sartén mediana y agrega la cebolla. Cocine a fuego medio hasta que esté transparente, aproximadamente 5 minutos. Agregue la carne, la pimienta de Jamaica, ¾ de cucharadita de sal y un buen molido de pimienta negra y revuelva mientras cocina durante 3 minutos, hasta que se dore. Reduce el fuego a medio-bajo y deja que la carne se cocine lentamente durante unos 20 minutos, hasta que esté completamente seca, revolviendo de vez en cuando. Al final agrega el ajo y el apio, cocina por 3 minutos más y retira del fuego. Prueba y ajusta el sazón. Dejar enfriar.

b) Mientras se cocina la mezcla de carne, prepare las cajas de kubbeh. Mezcle la sémola, la harina y ¼ de cucharadita de sal en un tazón grande. Agrega poco a poco el agua, removiendo con una cuchara de madera y luego con las manos hasta obtener una masa pegajosa. Cubrir con un paño húmedo y dejar reposar durante 15 minutos.

c) Amasar la masa durante unos minutos sobre una superficie de trabajo. Debe ser flexible y untable sin agrietarse. Agrega un poco de agua o harina si es necesario. Para hacer las bolas de masa, coge un recipiente con agua y mójate las manos (asegúrate de que estén mojadas durante todo el proceso para evitar que se peguen). Tome un trozo de masa que pese aproximadamente 30 g / 1 oz y aplánelo en la palma de su mano; Su objetivo son discos de 4 pulgadas / 10 cm de diámetro. Coloque aproximadamente 2 cucharaditas de relleno en el centro. Dobla los bordes sobre el relleno para cubrir y luego séllalo por dentro. Enrolle el kubbeh entre sus manos para formar una bola y luego presiónelo hacia abajo hasta obtener una forma redonda y plana de aproximadamente 1¼ pulgadas / 3 cm de grosor. Colocar las empanadillas en una bandeja cubierta con film transparente y rociadas con un poco de agua y dejar a un lado.

d) Para la sopa, coloque el ajo, la mitad del apio y la mitad del chardin en un procesador de alimentos y mezcle hasta obtener una pasta gruesa. Calienta el aceite en una cacerola grande a fuego medio y saltea la cebolla durante unos 10 minutos, hasta que esté dorada. Agrega la pasta de apio y acelgas y cocina por 3 minutos más. Agrega el caldo, el calabacín, el resto del apio y las acelgas, el jugo de limón, 1 cucharadita de sal y ½ cucharadita de pimienta negra. Llevar a ebullición y cocinar durante 10 minutos, luego probar y ajustar la sazón. Tiene que estar picante, así que agrega otra cucharada de jugo de limón si es necesario.

e) Finalmente, agregue con cuidado el kubbeh a la sopa (unos pocos a la vez, para que no se peguen entre sí) y cocine a fuego lento durante 20 minutos. Déjalos reposar durante una buena media hora para que se asienten y se ablanden, luego recalienta y sirve. Acompáñelo con una rodaja de limón para darle un toque extra de limón.

71. Pimientos Romanos Rellenos

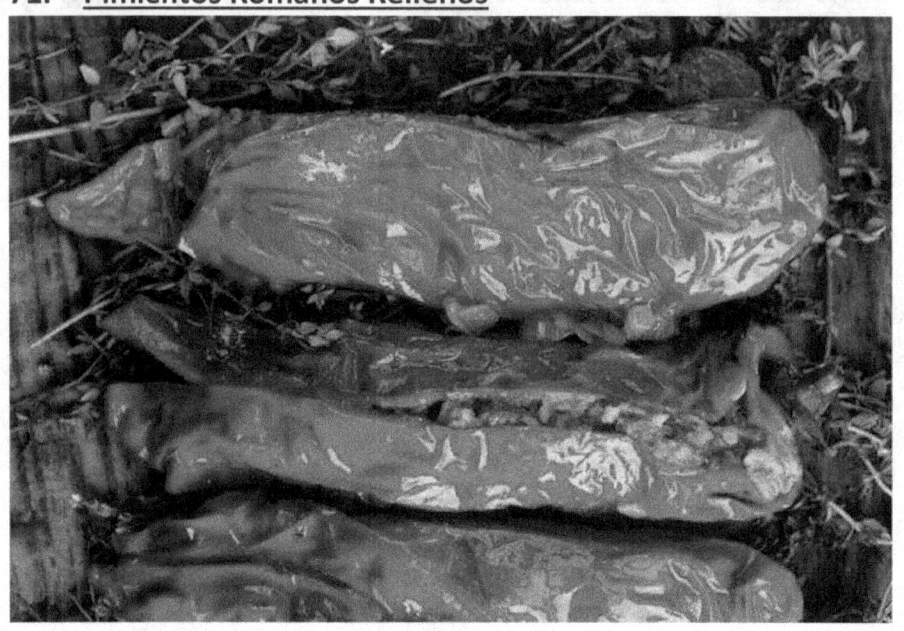

Rinde: 4 GENEROSAMENTE

INGREDIENTES
- 8 pimientos romanos medianos u otros pimientos dulces
- 1 tomate grande, picado en trozos grandes (1 taza/170 g en total)
- 2 cebollas medianas, picadas en trozos grandes (1⅔ tazas / 250 g en total)
- aproximadamente 2 tazas / 500 ml de caldo de verduras
- RELLENO
- ¾ taza / 140 g de arroz basmati
- 1½ cucharada de mezcla de especias baharat (comprada en la tienda over receta)
- ½ cucharadita de cardamomo molido
- 2 cucharadas de aceite de oliva
- 1 cebolla grande, finamente picada (1⅓ tazas / 200 g en total)
- 14 oz / 400 g de cordero molido
- 2½ cucharadas de perejil de hoja plana picado
- 2 cucharadas de eneldo picado
- 1½ cucharada de menta seca
- 1½ cucharadita de azúcar
- sal y pimienta negra recién molida

INSTRUCCIONES
a) Comienza con el relleno. Coloca el arroz en una cacerola y cúbrelo con agua ligeramente salada. Llevar a ebullición y luego cocinar durante 4 minutos. Escurrir, refrescar con agua fría y reservar.

b) Freír las especias en una sartén. Agrega el aceite de oliva y la cebolla y sofríe durante unos 7 minutos, revolviendo con frecuencia, hasta que la cebolla esté suave. Vierta esto, junto con el arroz, la carne, las hierbas, el azúcar y 1 cucharadita de sal en un tazón grande para mezclar. Usa tus manos para mezclar todo bien.

c) Comenzando desde el extremo del tallo, use un cuchillo pequeño para cortar a lo largo tres cuartos del camino hacia abajo de cada pimiento, sin quitar el tallo, creando una abertura larga. Sin forzar demasiado la apertura del pimiento, retira las semillas y luego rellena cada pimiento con la misma cantidad de la mezcla.

d) Coloca el tomate y la cebolla picados en una sartén muy grande que tenga tapa hermética. Coloque los pimientos encima, muy juntos y vierta suficiente caldo para que suba 1 cm / pulgada por los lados de los pimientos. Sazone con ½ cucharadita de sal y un poco de pimienta negra. Cubra la sartén con una tapa y cocine a fuego lento al mínimo posible durante una hora. Es importante que el relleno esté recién cocido al vapor, por lo que la tapa debe quedar bien ajustada; Asegúrate de que siempre quede un poco de líquido en el fondo de la sartén. Sirve los pimientos tibios, no picantes o a temperatura ambiente.

72. Berenjenas Rellenas De Cordero Y Piñones

Rinde: 4 GENEROSAMENTE

INGREDIENTES
- 4 berenjenas medianas (aproximadamente 2½ lb / 1,2 kg), cortadas por la mitad a lo largo
- 6 cucharadas / 90 ml de aceite de oliva
- 1½ cucharadita de comino molido
- 1½ cucharada de pimentón dulce
- 1 cucharada de canela molida
- 2 cebollas medianas (340 g / 12 oz en total), finamente picadas
- 1 libra / 500 g de cordero molido
- 7 cucharadas / 50 g de piñones
- ⅔ oz / 20 g de perejil de hoja plana, picado
- 2 cucharaditas de pasta de tomate
- 3 cucharaditas de azúcar extrafina
- ⅔ taza / 150 ml de agua
- 1½ cucharada de jugo de limón recién exprimido
- 1 cucharadita de pasta de tamarindo
- 4 ramas de canela
- sal y pimienta negra recién molida

INSTRUCCIONES
a) Precalienta el horno a 425°F / 220°C.
b) Coloque las mitades de berenjena, con la piel hacia abajo, en una fuente para hornear lo suficientemente grande como para acomodarlas cómodamente. Unte la pulpa con 4 cucharadas de aceite de oliva y sazone con 1 cucharadita de sal y abundante pimienta negra. Ase durante unos 20 minutos, hasta que estén dorados. Retirar del horno y dejar enfriar un poco.
c) Mientras se cocinan las berenjenas, puedes empezar a hacer el relleno calentando las 2 cucharadas de aceite de oliva restantes en una sartén grande. Mezcle el comino, el pimentón y la canela molida y agregue la mitad de esta mezcla de especias a la sartén, junto con las cebollas. Cocine a fuego medio-alto durante unos 8 minutos, revolviendo con frecuencia, antes de agregar el

cordero, los piñones, el perejil, la pasta de tomate, 1 cucharadita de azúcar, 1 cucharadita de sal y un poco de pimienta negra. Continúe cocinando y revolviendo por otros 8 minutos, hasta que la carne esté cocida.

d) Coloque la mezcla de especias restante en un bol y agregue el agua, el jugo de limón, el tamarindo, las 2 cucharaditas de azúcar restantes, las ramas de canela y ½ cucharadita de sal; mezclar bien.

e) Reduzca la temperatura del horno a 375°F / 195°C. Vierta la mezcla de especias en el fondo de la fuente para asar berenjenas. Vierta la mezcla de cordero encima de cada berenjena. Cubra bien la sartén con papel de aluminio, regrese al horno y ase durante 1½ horas, momento en el cual las berenjenas deben estar completamente suaves y la salsa espesa; dos veces durante la cocción, quitar el papel aluminio y rociar las berenjenas con la salsa, añadiendo un poco de agua si la salsa se seca. Sirva tibio, no caliente o a temperatura ambiente.

73. papas rellenas

Rinde: 4 A 6

INGREDIENTES
- 1 libra / 500 g de carne molida
- aproximadamente 2 tazas / 200 g de pan rallado blanco
- 1 cebolla mediana, finamente picada (¾ taza / 120 g en total)
- 2 dientes de ajo machacados
- ⅔ oz / 20 g de perejil de hoja plana, finamente picado
- 2 cucharadas de hojas de tomillo, picadas
- 1½ cucharadita de canela molida
- 2 huevos grandes de gallinas camperas, batidos
- 3¼ lb / 1,5 kg de papas Yukon Gold medianas, de aproximadamente 3¾ por 2¼ pulgadas / 9 por 6 cm, peladas y cortadas por la mitad a lo largo
- 2 cucharadas de cilantro picado
- sal y pimienta negra recién molida

SALSA DE TOMATE
- 2 cucharadas de aceite de oliva
- 5 dientes de ajo machacados
- 1 cebolla mediana, finamente picada (¾ taza / 120 g en total)
- 1½ tallos de apio, finamente picados (⅔ taza / 80 g en total)
- 1 zanahoria pequeña, pelada y finamente picada (½ taza / 70 g en total)
- 1 chile rojo, finamente picado
- 1½ cucharadita de comino molido
- 1 cucharadita de pimienta de Jamaica molida
- pizca de pimentón ahumado
- 1½ cucharadita de pimentón dulce
- 1 cucharadita de semillas de alcaravea, trituradas con un mortero o un molinillo de especias
- una lata de 800 g / 28 oz de tomates picados
- 1 cucharada de pasta de tamarindo
- 1½ cucharadita de azúcar extrafina

INSTRUCCIONES

a) Comienza con la salsa de tomate. Calienta el aceite de oliva en la sartén más amplia que tengas; También necesitarás una tapa. Agrega el ajo, la cebolla, el apio, la zanahoria y el chile y sofríe a fuego lento durante 10 minutos, hasta que las verduras estén suaves. Agrega las especias, revuelve bien y cocina de 2 a 3 minutos. Vierta los tomates picados, el tamarindo, el azúcar, ½ cucharadita de sal y un poco de pimienta negra y deje hervir. Retirar del fuego.

b) Para hacer las patatas rellenas, coloque en un bol la carne, el pan rallado, la cebolla, el ajo, el perejil, el tomillo, la canela, 1 cucharadita de sal, un poco de pimienta negra y los huevos. Usa tus manos para combinar bien todos los ingredientes.

c) Ahueca cada mitad de papa con una cuchara para melón o una cucharadita, creando una cáscara de ⅔ de pulgada / 1,5 cm de grosor. Rellena la mezcla de carne en cada cavidad, usando tus manos para empujarla hacia abajo para que llene la papa por completo. Presione con cuidado todas las papas en la salsa de tomate para que queden juntas, con el relleno de carne hacia arriba. Agregue aproximadamente 1¼ tazas / 300 ml de agua, o lo suficiente para casi cubrir las hamburguesas con la salsa, lleve a fuego lento, cubra la sartén con una tapa y deje cocinar lentamente durante al menos 1 hora o incluso más, hasta que la salsa. queda espesa y las patatas muy blandas. Si la salsa no se ha espesado lo suficiente, retira la tapa y reduce durante 5 a 10 minutos. Sirva caliente o tibio, adornado con el cilantro.

74. Alcachofas rellenas con guisantes y eneldo

Hace: 4

INGREDIENTES
- 400 g / 14 oz de puerros, recortados y cortados en rodajas de 0,5 cm / ¼ de pulgada
- 9 oz / 250 g de carne molida
- 1 huevo grande de corral
- 1 cucharadita de pimienta de Jamaica molida
- 1 cucharadita de canela molida
- 2 cucharaditas de menta seca
- 12 alcachofas medianas o fondos de alcachofa congelados descongelados (ver introducción)
- 6 cucharadas / 90 ml de zumo de limón recién exprimido, más zumo de ½ limón si se utilizan alcachofas frescas
- ⅓ taza / 80 ml de aceite de oliva
- Harina para todo uso, para cubrir las alcachofas.
- aproximadamente 2 tazas / 500 ml de caldo de pollo o verduras
- 1⅓ tazas / 200 g de guisantes congelados
- ⅓ oz / 10 g de eneldo, picado en trozos grandes
- sal y pimienta negra recién molida

INSTRUCCIONES

a) Blanquear los puerros en agua hirviendo durante 5 minutos. Escurrir, refrescar y exprimir el agua.
b) Pica los puerros en trozos grandes y colócalos en un bol junto con la carne, el huevo, las especias, la menta, 1 cucharadita de sal y mucha pimienta. Revuelva bien.
c) Si vas a utilizar alcachofas frescas, prepara un bol con agua y el zumo de ½ limón. Retire el tallo de la alcachofa y retire las hojas exteriores duras. Una vez que llegue a las hojas más suaves y pálidas, use un cuchillo grande y afilado para cortar la flor de modo que le quede el cuarto inferior. Utilice un cuchillo pequeño y afilado o un pelador de verduras para quitar las capas exteriores de la alcachofa hasta que la base o el fondo quede expuesto. Quite el "estrangulador" peludo y ponga la base en el

agua acidulada. Deseche el resto y luego repita con las otras alcachofas.

d) Pon 2 cucharadas de aceite de oliva en una cacerola lo suficientemente ancha como para que las alcachofas queden planas y calienta a fuego medio. Llene cada base de alcachofa con 1 a 2 cucharadas de la mezcla de carne, presionando el relleno. Enrolle suavemente las bases con un poco de harina, cubriéndolas ligeramente y sacudiendo el exceso. Freír en aceite caliente durante 1½ minutos por cada lado. Limpia la sartén y regresa las alcachofas a la sartén, colocándolas planas y cómodamente una al lado de la otra.

e) Mezcle el caldo, el jugo de limón y el aceite restante y sazone generosamente con sal y pimienta. Vierta cucharadas de líquido sobre las alcachofas hasta que estén casi sumergidas, pero no completamente; es posible que no necesites todo el líquido. Coloque un trozo de papel pergamino sobre las alcachofas, cubra la sartén con una tapa y cocine a fuego lento durante 1 hora. Cuando estén listas, sólo deben quedar unas 4 cucharadas de líquido. Si es necesario retiramos la tapa y el papel y reducimos la salsa. Deja la sartén a un lado hasta que las alcachofas estén tibias o a temperatura ambiente.

f) Cuando esté listo para servir, blanquear los guisantes durante 2 minutos. Escurrirlas y añadirlas junto con el eneldo a la sartén con las alcachofas, sazonar al gusto y mezclar todo suavemente.

75. Pollo Asado Con Alcachofa De Jerusalén

Hace: 4

INGREDIENTES

- 1 libra / 450 g de alcachofas de Jerusalén, peladas y cortadas a lo largo en 6 gajos de ⅔ de pulgada / 1,5 cm de grosor
- 3 cucharadas de jugo de limón recién exprimido
- 8 muslos de pollo con piel y hueso o 1 pollo entero mediano, cortado en cuartos
- 12 plátanos u otras chalotas grandes, cortadas por la mitad a lo largo
- 12 dientes de ajo grandes, rebanados
- 1 limón mediano, cortado por la mitad a lo largo y luego en rodajas muy finas
- 1 cucharadita de hebras de azafrán
- 3½ cucharadas / 50 ml de aceite de oliva
- ¾ taza / 150 ml de agua fría
- 1¼ cucharada de granos de pimienta rosa, ligeramente triturados
- ¼ de taza / 10 g de hojas frescas de tomillo
- 1 taza / 40 g de hojas de estragón, picadas
- 2 cucharaditas de sal
- ½ cucharadita de pimienta negra recién molida

INSTRUCCIONES

a) Pon las cotorras en una cacerola mediana, cúbrelas con abundante agua y agrega la mitad del jugo de limón. Llevar a ebullición, bajar el fuego y cocinar a fuego lento durante 10 a 20 minutos, hasta que estén tiernos pero no blandos. Escurrir y dejar enfriar.

b) Coloque las alcachofas de Jerusalén y todos los ingredientes restantes, excluyendo el jugo de limón restante y la mitad del estragón, en un tazón grande y use sus manos para mezclar todo bien. Tapar y dejar marinar en el frigorífico toda la noche, o al menos 2 horas.

c) Precalienta el horno a 475°F / 240°C. Coloque los trozos de pollo, con la piel hacia arriba, en el centro de una fuente para asar y distribuya los ingredientes restantes alrededor del pollo. Ase durante 30 minutos. Cubre la sartén con papel de aluminio y cocina por 15 minutos más. En este punto, el pollo debería estar completamente cocido. Retirar del horno y agregar el estragón reservado y el jugo de limón. Revuelva bien, pruebe y agregue más sal si es necesario. Servir de inmediato.

76. Pollo escalfado con freekeh

Rinde: 4 GENEROSAMENTE

INGREDIENTES
- 1 pollo pequeño de corral, aproximadamente 3¼ lb / 1,5 kg
- 2 ramas largas de canela
- 2 zanahorias medianas, peladas y cortadas en rodajas de ¾ de pulgada / 2 cm de grosor
- 2 hojas de laurel
- 2 manojos de perejil de hoja plana (aproximadamente 2½ oz / 70 g en total)
- 2 cebollas grandes
- 2 cucharadas de aceite de oliva
- 2 tazas / 300 g de freekeh partido
- ½ cucharadita de pimienta de Jamaica molida
- ½ cucharadita de cilantro molido
- 2½ cucharadas / 40 g de mantequilla sin sal
- ⅔ taza / 60 g de almendras fileteadas
- sal y pimienta negra recién molida

INSTRUCCIONES

a) Coloca el pollo en una olla grande, junto con la canela, las zanahorias, las hojas de laurel, 1 manojo de perejil y 1 cucharadita de sal. Corta 1 cebolla en cuartos y agrégala a la olla. Agrega agua fría hasta casi cubrir el pollo; deje hervir y cocine a fuego lento, tapado, durante 1 hora, retirando ocasionalmente el aceite y la espuma de la superficie.

b) Aproximadamente a la mitad de la cocción del pollo, corta finamente la segunda cebolla y colócala en una cacerola mediana con el aceite de oliva. Freír a fuego medio-bajo durante 12 a 15 minutos, hasta que la cebolla se dore y esté suave. Agrega el freekeh, la pimienta de Jamaica, el cilantro, ½ cucharadita de sal y un poco de pimienta negra. Revuelve bien y luego agrega 2½ tazas/600 ml de caldo de pollo. Sube el fuego a medio-alto. En cuanto hierva el caldo, tapa la cacerola y baja el fuego. Cocine a fuego lento durante 20 minutos, luego retire del fuego y déjelo tapado durante 20 minutos más.

c) Quitar las hojas del manojo de perejil restante y picarlas, no muy finas. Agrega la mayor parte del perejil picado al freekeh cocido, mezclándolo con un tenedor.

d) Saca el pollo del caldo y colócalo sobre una tabla de cortar. Corte con cuidado las pechugas y córtelas en rodajas finas en ángulo; Retire la carne de las piernas y muslos. Mantén calientes el pollo y el freekeh.

e) Cuando esté listo para servir, coloque la mantequilla, las almendras y un poco de sal en una sartén pequeña y fría hasta que estén doradas. Vierta el freekeh en platos para servir individuales o en un plato. Cubra con la carne de la pierna y el muslo, luego coloque las rodajas de pechuga cuidadosamente encima. Terminar con las almendras y la mantequilla y una pizca de perejil.

77. Pollo Con Cebolla Y Arroz Con Cardamomo

Hace: 4

INGREDIENTES
- 3 cucharadas / 40 g de azúcar
- 3 cucharadas / 40 ml de agua
- 2½ cucharadas / 25 g de agracejo (o grosellas)
- 4 cucharadas de aceite de oliva
- 2 cebollas medianas, en rodajas finas (2 tazas/250 g en total)
- 2¼ lb / 1 kg de muslos de pollo con piel y hueso, o 1 pollo entero, cortado en cuartos
- 10 vainas de cardamomo
- ¼ cucharadita de clavo entero redondeado
- 2 ramas largas de canela, partidas en dos
- 1⅔ tazas / 300 g de arroz basmati
- 2¼ tazas / 550 ml de agua hirviendo
- 1½ cucharada / 5 g de hojas de perejil de hoja plana, picadas
- ½ taza / 5 g de hojas de eneldo, picadas
- ¼ de taza / 5 g de hojas de cilantro picadas
- ⅓ taza / 100 g de yogur griego, mezclado con 2 cucharadas de aceite de oliva (opcional)
- sal y pimienta negra recién molida

INSTRUCCIONES

a) Pon el azúcar y el agua en una cacerola pequeña y calienta hasta que el azúcar se disuelva. Retirar del fuego, agregar los agracejos y dejar en remojo. Si usa grosellas, no es necesario que las remoje de esta manera.

b) Mientras tanto, caliente la mitad del aceite de oliva en una sartén grande tapada a fuego medio, agregue la cebolla y cocine durante 10 a 15 minutos, revolviendo ocasionalmente, hasta que la cebolla se haya dorado intensamente. Transfiera la cebolla a un tazón pequeño y limpie la sartén.

c) Coloque el pollo en un tazón grande y sazone con 1½ cucharaditas de sal y pimienta negra. Agrega el aceite de oliva restante, el cardamomo, el clavo y la canela y usa tus manos para mezclar todo bien. Calienta nuevamente la sartén y coloca en ella el pollo y las especias. Dorar durante 5 minutos por cada lado y retirar de la sartén (esto es importante ya que cocina parcialmente el pollo). Las especias pueden quedarse en la sartén, pero no te preocupes si se pegan al pollo. Retire también la mayor parte del aceite restante, dejando solo una fina película en el fondo. Agrega el arroz, la cebolla caramelizada, 1 cucharadita de sal y abundante pimienta negra. Escurrir los agracejos y añadirlos también. Revuelva bien y devuelva el pollo chamuscado a la sartén, introduciéndolo en el arroz.

d) Vierte el agua hirviendo sobre el arroz y el pollo, tapa la cacerola y cocina a fuego muy lento durante 30 minutos. Retire la sartén del fuego, retire la tapa, coloque rápidamente un paño de cocina limpio sobre la sartén y vuelva a sellar con la tapa. Deje el plato en reposo durante otros 10 minutos. Finalmente, agrega las hierbas y usa un tenedor para revolverlas y esponjar el arroz. Pruebe y agregue más sal y pimienta si es necesario. Sirva caliente o tibio con yogur si lo desea.

78. Hígado picado

Rinde: 4 A 6

INGREDIENTES

- 6½ cucharadas / 100 ml de grasa de ganso o pato derretida
- 2 cebollas grandes, cortadas en rodajas (unas 3 tazas/400 g en total)
- 400 g/14 oz de hígados de pollo, limpios y desmenuzados en trozos de aproximadamente 3 cm/1¼ pulgadas
- 5 huevos camperos extra grandes, duros
- 4 cucharadas de vino de postre
- 1 cucharadita de sal
- ½ cucharadita de pimienta negra recién molida
- 2 a 3 cebollas verdes, en rodajas finas
- 1 cucharada de cebollino picado

INSTRUCCIONES

a) Coloque dos tercios de la grasa de ganso en una sartén grande y fría las cebollas a fuego medio durante 10 a 15 minutos, revolviendo ocasionalmente, hasta que se doren. Retire las cebollas de la sartén, empujándolas un poco hacia abajo mientras lo hace, para que quede un poco de grasa en la sartén. Agrega un poco de grasa si es necesario. Agregue los hígados y cocínelos por hasta 10 minutos, revolviendo de vez en cuando, hasta que estén bien cocidos en el medio; no debería salir sangre en esta etapa.

b) Mezcla los hígados con la cebolla antes de picarlos. La mejor manera de hacerlo es con una picadora de carne, procesando la mezcla dos veces para obtener la textura adecuada. Si no tienes una picadora de carne, un procesador de alimentos también está bien. Mezcle las cebollas y el hígado en dos o tres tandas para que el recipiente de la máquina no esté muy lleno. Pulse durante 20 a 30 segundos, luego verifique, asegurándose de que el hígado y las cebollas se hayan convertido en una pasta uniformemente suave, pero todavía "con baches". Transfiera todo a un tazón grande para mezclar.

c) Pelar los huevos, rallar dos de ellos groseramente y otros dos finamente y añadirlos a la mezcla de hígado. Añade el resto de la grasa, el vino de postre, la sal y la pimienta y mezcla todo con cuidado. Transfiera la mezcla a un plato plano no metálico y cubra bien la superficie con una envoltura de plástico. Déjalo enfriar y luego guárdalo en el frigorífico durante al menos 2 horas para que se endurezca un poco.

d) Para servir, pique finamente el huevo restante. Coloque el hígado picado en platos para servir individuales, decore con el huevo picado y espolvoree con las cebollas verdes y el cebollino.

79. Ensalada De Pollo Y Hierbas Con Azafrán

Hace: 6

INGREDIENTES
- 1 naranja
- 2½ cucharadas / 50 g de miel
- ½ cucharadita de hebras de azafrán
- 1 cucharada de vinagre de vino blanco
- 1¼ tazas / aproximadamente 300 ml de agua
- 2¼ lb / 1 kg de pechuga de pollo deshuesada y sin piel
- 4 cucharadas de aceite de oliva
- 2 bulbos de hinojo pequeños, en rodajas finas
- 1 taza / 15 g de hojas de cilantro picadas
- ⅔ taza / 15 g de hojas de albahaca cortadas y cortadas
- 15 hojas de menta recogidas, rasgadas
- 2 cucharadas de jugo de limón recién exprimido
- 1 chile rojo, en rodajas finas
- 1 diente de ajo, machacado
- sal y pimienta negra recién molida

INSTRUCCIONES

a) Precalienta el horno a 400°F / 200°C. Recorta y desecha ⅜ de pulgada / 1 cm de la parte superior y la cola de la naranja y córtala en 12 gajos, manteniendo la piel. Retire las semillas.

b) Coloque los gajos en una cacerola pequeña con la miel, el azafrán, el vinagre y suficiente agua para cubrir los gajos de naranja. Llevar a ebullición y cocinar a fuego lento durante aproximadamente una hora. Al final te debe quedar naranja suave y unas 3 cucharadas de almíbar espeso; agregue agua durante la cocción si el líquido baja mucho. Use un procesador de alimentos para triturar la naranja y el almíbar hasta obtener una pasta suave y líquida; Nuevamente, agregue un poco de agua si es necesario.

c) Mezclar la pechuga de pollo con la mitad del aceite de oliva y abundante sal y pimienta y colocar en una plancha con crestas muy caliente. Dorar durante aproximadamente 2 minutos en cada lado para obtener marcas carbonizadas claras por todas partes. Transfiera a una fuente para hornear y colóquelo en el horno durante 15 a 20 minutos, hasta que esté cocido.

d) Una vez que el pollo esté lo suficientemente frío como para manipularlo pero aún caliente, córtelo con las manos en trozos ásperos y bastante grandes. Colóquelo en un tazón grande, vierta sobre la mitad de la pasta de naranja y revuelva bien. (La otra mitad se puede guardar en el refrigerador durante unos días. Sería una buena adición a una salsa de hierbas para servir con pescado azul como la caballa o el salmón). Agregue los ingredientes restantes a la ensalada, incluido el resto de la ensalada. aceite de oliva y revuelva suavemente. Pruebe, agregue sal y pimienta y, si es necesario, más aceite de oliva y jugo de limón.

80. Sofrito de pollo Hannukah

INGREDIENTES
- 1 cucharada de aceite de girasol
- 1 pollo pequeño de corral, de aproximadamente 3¼ lb / 1,5 kg, cortado en mariposas o en cuartos
- 1 cucharadita de pimentón dulce
- ¼ cucharadita de cúrcuma molida
- ¼ cucharadita de azúcar
- 2½ cucharadas de jugo de limón recién exprimido
- 1 cebolla grande, pelada y cortada en cuartos
- aceite de girasol, para freír
- 1⅔ lb / 750 g de papas Yukon Gold, peladas, lavadas y cortadas en dados de ¾ de pulgada / 2 cm
- 25 dientes de ajo, sin pelar
- sal y pimienta negra recién molida

INSTRUCCIONES

a) Vierta el aceite en una cacerola grande y poco profunda o en una olla y póngalo a fuego medio. Coloque el pollo en la sartén, con la piel hacia abajo, y dore durante 4 a 5 minutos, hasta que esté dorado. Sazone todo con pimentón, cúrcuma, azúcar, ¼ de cucharadita de sal, un buen molido de pimienta negra y 1½ cucharadas de jugo de limón. Voltee el pollo para que la piel quede hacia arriba, agregue la cebolla a la sartén y cubra con una tapa. Disminuya el fuego a bajo y cocine por un total de aproximadamente 1½ horas; esto incluye el tiempo que se cocina el pollo con las patatas. Levante la tapa de vez en cuando para comprobar la cantidad de líquido en el fondo de la olla. La idea es que el pollo se cocine y cocine al vapor en su propio jugo, pero es posible que necesites agregar un poco de agua hirviendo, solo para que siempre quede ¼ de pulgada / 5 mm de líquido en el fondo de la olla.

b) Después de que el pollo se haya cocinado durante unos 30 minutos, vierte aceite de girasol en una cacerola mediana hasta una profundidad de 1¼ pulgadas / 3 cm y colócalo a fuego medio-alto. Freír las patatas y el ajo juntos en varias tandas durante unos 6 minutos por tanda, hasta que adquieran un poco de color y estén crujientes. Use una espumadera para separar cada lote del aceite y colocarlo sobre toallas de papel, luego espolvoree con sal.

c) Después de que el pollo se haya cocinado durante 1 hora, retírelo de la sartén y agregue las papas fritas y el ajo, revolviendo con el jugo de la cocción. Regresa el pollo a la sartén colocándolo encima de las papas por el resto del tiempo de cocción, es decir 30 minutos. El pollo debe desprenderse del hueso y las patatas deben estar remojadas en el líquido de cocción y completamente blandas. Rocíe con el jugo de limón restante al servir.

81. Hannukah Kofta B'siniyah

Hace: 18 KOFTA

INGREDIENTES
- ⅔ taza / 150 g de pasta tahini light
- 3 cucharadas de jugo de limón recién exprimido
- ½ taza / 120 ml de agua
- 1 diente de ajo mediano, machacado
- 2 cucharadas de aceite de girasol
- 2 cucharadas / 30 g de mantequilla o ghee sin sal (opcional)
- piñones tostados, para decorar
- perejil de hoja plana finamente picado, para decorar
- pimentón dulce, para decorar
- sal

KOFTA
- 14 oz / 400 g de cordero molido
- 14 oz / 400 g de ternera o res molida
- 1 cebolla pequeña (aproximadamente 5 oz / 150 g), finamente picada
- 2 dientes de ajo grandes, machacados
- 7 cucharadas / 50 g de piñones tostados, picados en trozos grandes
- ½ taza / 30 g de perejil de hoja plana finamente picado
- 1 chile rojo grande, medio picante, sin semillas y finamente picado
- 1½ cucharadita de canela molida
- 1½ cucharadita de pimienta de Jamaica molida
- ¾ cucharadita de nuez moscada rallada
- 1½ cucharadita de pimienta negra recién molida
- 1½ cucharadita de sal

INSTRUCCIONES

a) Pon todos los ingredientes del kofta en un bol y usa tus manos para mezclar todo bien. Ahora forme dedos largos, parecidos a torpedos, de aproximadamente 3¼ pulgadas / 8 cm de largo (aproximadamente 2 oz / 60 g cada uno). Presione la mezcla para comprimirla y asegurarse de que cada kofta esté apretada y mantenga su forma. Colóquelos en un plato y enfríe hasta que esté listo para cocinarlos, hasta por 1 día.

b) Precalienta el horno a 425°F / 220°C. En un tazón mediano, mezcle la pasta de tahini, el jugo de limón, el agua, el ajo y ¼ de cucharadita de sal. La salsa debe quedar un poco más líquida que la miel; agregue de 1 a 2 cucharadas de agua si es necesario.

c) Calienta el aceite de girasol en una sartén grande a fuego alto y dora la kofta. Haga esto en tandas para que no queden apretados. Dorarlos por todos lados hasta que estén dorados, aproximadamente 6 minutos por tanda. En este punto, deberían estar a medio cocer. Saque del molde y colóquelo en una bandeja para hornear. Si quieres cocinarlos a medio o bien cocidos, mete la bandeja para hornear en el horno ahora durante 2 a 4 minutos.

d) Vierta la salsa tahini alrededor del kofta para que cubra la base de la sartén. Si lo desea, rocíe también un poco sobre el kofta, pero deje parte de la carne expuesta. Colocar en el horno durante uno o dos minutos, solo para calentar un poco la salsa.

e) Mientras tanto, si estás usando mantequilla, derrítela en una cacerola pequeña y deja que se dore un poco, cuidando que no se queme. Vierta la mantequilla sobre los kofta tan pronto como salgan del horno. Espolvorear con los piñones y el perejil y luego espolvorear con el pimentón. Servir de inmediato.

82. Albóndigas de ternera con habas y limón

Rinde: UNAS 20 ALBÓNDIGAS

INGREDIENTES
- 4½ cucharadas de aceite de oliva
- 2⅓ tazas / 350 g de habas, frescas o congeladas
- 4 ramitas de tomillo enteras
- 6 dientes de ajo, rebanados
- 8 cebollas verdes, cortadas en ángulo en segmentos de ¾ de pulgada / 2 cm
- 2½ cucharadas de jugo de limón recién exprimido
- 2 tazas / 500 ml de caldo de pollo
- sal y pimienta negra recién molida
- 1½ cucharadita de perejil de hoja plana picado, menta, eneldo y cilantro, para terminar

ALBÓNDIGAS
- 10 oz / 300 g de carne molida
- 5 oz / 150 g de cordero molido
- 1 cebolla mediana, finamente picada
- 1 taza / 120 g de pan rallado
- 2 cucharadas de perejil de hoja plana picado, menta, eneldo y cilantro
- 2 dientes de ajo grandes, machacados
- 4 cucharaditas de mezcla de especias baharat (compradas en la tienda over receta)
- 4 cucharaditas de comino molido
- 2 cucharaditas de alcaparras, picadas
- 1 huevo batido

INSTRUCCIONES

a) Coloque todos los ingredientes de las albóndigas en un tazón grande para mezclar. Agrega ¾ de cucharadita de sal y mucha pimienta negra y mezcla bien con las manos. Forme bolas de aproximadamente el mismo tamaño que las pelotas de ping-pong. Calienta 1 cucharada de aceite de oliva a fuego medio en una sartén extra grande con tapa. Dorar la mitad de las albóndigas, volteándolas hasta que se doren por completo, aproximadamente 5 minutos. Retirar, agregar otra 1½ cucharadita de aceite de oliva a la sartén y cocinar la otra tanda de albóndigas. Retirar de la sartén y limpiar con un paño.

b) Mientras se cocinan las albóndigas, echa las habas en una olla con abundante agua hirviendo con sal y escaldalas durante 2 minutos. Escurrir y refrescar con agua fría. Retire la piel de la mitad de las habas y deséchela.

c) Calienta las 3 cucharadas restantes de aceite de oliva a fuego medio en la misma sartén en la que chamuscastes las albóndigas. Agrega el tomillo, el ajo y la cebolla verde y saltea durante 3 minutos. Agrega las habas sin pelar, 1½ cucharada de jugo de limón, ⅓ taza / 80 ml de caldo, ¼ de cucharadita de sal y abundante pimienta negra. Los frijoles deben quedar casi cubiertos de líquido. Tapa la sartén y cocina a fuego lento durante 10 minutos.

d) Regrese las albóndigas a la sartén con las habas. Agregue el caldo restante, cubra la cacerola y cocine a fuego lento durante 25 minutos. Prueba la salsa y ajusta la sazón. Si está muy líquida quitar la tapa y reducir un poco. Una vez que las albóndigas dejen de cocinarse, absorberán gran parte del jugo, así que asegúrese de que todavía quede mucha salsa en este punto. Puedes dejar las albóndigas ahora, fuera del fuego, hasta que estén listas para servir.

e) Justo antes de servir, recalentar las albóndigas y añadir un poco de agua, si es necesario, para obtener suficiente salsa. Agregue las hierbas restantes, la cucharada restante de jugo de limón y las habas peladas y revuelva muy suavemente. Servir inmediatamente.

83. Albóndigas de cordero con agracejo, yogur y hierbas

Rinde: UNAS 20 ALBÓNDIGAS

INGREDIENTES
- 1⅔ lb / 750 g de cordero molido
- 2 cebollas medianas, finamente picadas
- ⅔ oz / 20 g de perejil de hoja plana, finamente picado
- 3 dientes de ajo machacados
- ¾ cucharadita de pimienta de Jamaica molida
- ¾ cucharadita de canela molida
- 6 cucharadas / 60 g de agracejo
- 1 huevo grande de corral
- 6½ cucharadas / 100 ml de aceite de girasol
- 1½ lb / 700 g de plátano u otras chalotas grandes, peladas
- ¾ taza más 2 cucharadas / 200 ml de vino blanco
- 2 tazas / 500 ml de caldo de pollo
- 2 hojas de laurel
- 2 ramitas de tomillo
- 2 cucharaditas de azúcar
- 5 oz / 150 g de higos secos
- 1 taza / 200 g de yogur griego
- 3 cucharadas de una mezcla de menta, cilantro, eneldo y estragón, desmenuzados en trozos grandes
- sal y pimienta negra recién molida

INSTRUCCIONES

a) Coloque el cordero, la cebolla, el perejil, el ajo, la pimienta de Jamaica, la canela, el agracejo, el huevo, 1 cucharadita de sal y ½ cucharadita de pimienta negra en un tazón grande. Mezcle con las manos y luego forme bolas del tamaño de pelotas de golf.

b) Calienta un tercio del aceite a fuego medio en una olla grande de fondo grueso con tapa hermética. Poner unas cuantas albóndigas y cocinarlas y darles la vuelta unos minutos hasta que tomen color por todas partes. Retirar de la olla y reservar. Cocine las albóndigas restantes de la misma manera.

c) Limpia la olla y agrega el aceite restante. Agrega las chalotas y cocínalas a fuego medio durante 10 minutos, revolviendo frecuentemente, hasta que estén doradas. Agrega el vino, deja burbujear durante uno o dos minutos, luego agrega el caldo de pollo, las hojas de laurel, el tomillo, el azúcar y un poco de sal y pimienta. Coloque los higos y las albóndigas entre y encima de las chalotas; las albóndigas deben quedar casi cubiertas de líquido. Llevar a ebullición, tapar, bajar el fuego a muy bajo y dejar cocer a fuego lento durante 30 minutos. Retire la tapa y cocine a fuego lento durante aproximadamente una hora más, hasta que la salsa se haya reducido y su sabor se haya intensificado. Prueba y agrega sal y pimienta si es necesario.

d) Transfiera a un plato para servir grande y hondo. Batir el yogur, verterlo encima y espolvorear con las hierbas.

84. Hamburguesas de pavo y calabacín con cebolla verde y comino

Rinde: UNAS 18 HAMBURGUESAS

INGREDIENTES
- 1 libra / 500 g de pavo molido
- 1 calabacín grande, rallado grueso (2 tazas/200 g en total)
- 3 cebollas verdes, en rodajas finas
- 1 huevo grande de corral
- 2 cucharadas de menta picada
- 2 cucharadas de cilantro picado
- 2 dientes de ajo machacados
- 1 cucharadita de comino molido
- 1 cucharadita de sal
- ½ cucharadita de pimienta negra recién molida
- ½ cucharadita de pimienta de cayena
- aproximadamente 6½ cucharadas / 100 ml de aceite de girasol, para dorar

CREMA AGRIA Y SALSA DE SUMAC
- ½ taza / 100 g de crema agria
- ⅔ taza / 150 g de yogur griego
- 1 cucharadita de ralladura de limón
- 1 cucharada de jugo de limón recién exprimido
- 1 diente de ajo pequeño, machacado
- 1½ cucharada de aceite de oliva
- 1 cucharada de zumaque
- ½ cucharadita de sal
- ¼ cucharadita de pimienta negra recién molida

INSTRUCCIONES
a) Primero haga la salsa de crema agria colocando todos los ingredientes en un tazón pequeño. Revuelva bien y reserve o enfríe hasta que sea necesario.
b) Precalienta el horno a 425°F / 220°C. En un tazón grande, combine todos los ingredientes para las albóndigas excepto el aceite de girasol. Mezcle con las manos y luego forme unas 18

hamburguesas, cada una de las cuales pesa aproximadamente 1½ oz / 45 g.

c) Vierta suficiente aceite de girasol en una sartén grande para formar una capa de aproximadamente 1/16 de pulgada / 2 mm de espesor en el fondo de la sartén. Calienta a fuego medio hasta que esté caliente, luego dora las albóndigas en tandas por todos lados. Cocine cada lote durante unos 4 minutos, agregando aceite según sea necesario, hasta que se doren.

d) Transfiera con cuidado las albóndigas chamuscadas a una bandeja para hornear forrada con papel encerado y colóquelas en el horno durante 5 a 7 minutos, o hasta que estén bien cocidas. Sirva caliente o a temperatura ambiente, con la salsa encima o a un lado.

85. polpettone

Hace: 8

INGREDIENTES
- 3 huevos grandes de gallinas camperas
- 1 cucharada de perejil de hoja plana picado
- 2 cucharaditas de aceite de oliva
- 1 libra / 500 g de carne molida
- 1 taza / 100 g de pan rallado
- ½ taza / 60 g de pistachos sin sal
- ½ taza/80 g de pepinillos (3 o 4), cortados en trozos de ⅜ de pulgada/1 cm
- 7 oz / 200 g de lengua de res cocida (o jamón), en rodajas finas
- 1 zanahoria grande, cortada en trozos
- 2 tallos de apio, cortados en trozos
- 1 ramita de tomillo
- 2 hojas de laurel
- ½ cebolla, rebanada
- 1 cucharadita de base de caldo de pollo
- agua hirviendo, para cocinar
- sal y pimienta negra recién molida

SALSINA VERDE
- 2 oz / 50 g de ramitas de perejil de hoja plana
- 1 diente de ajo, machacado
- 1 cucharada de alcaparras
- 1 cucharada de jugo de limón recién exprimido
- 1 cucharada de vinagre de vino blanco
- 1 huevo grande de gallinas camperas, duro y pelado
- ⅔ taza / 150 ml de aceite de oliva
- 3 cucharadas de pan rallado, preferiblemente fresco
- sal y pimienta negra recién molida

INSTRUCCIONES

a) Empiece por hacer una tortilla plana. Batir 2 huevos, el perejil picado y una pizca de sal. Calienta el aceite de oliva en una sartén grande (de aproximadamente 28 cm / 11 pulgadas de diámetro) a fuego medio y vierte los huevos. Cocine de 2 a 3 minutos, sin revolver, hasta que los huevos formen una tortilla fina. Reservar para que se enfríe.

b) En un tazón grande, mezcle la carne, el pan rallado, los pistachos, los pepinillos, el huevo restante, 1 cucharadita de sal y ½ cucharadita de pimienta. Coloque un paño de cocina grande y limpio (es posible que desee utilizar uno viejo del que no le importe deshacerse; limpiarlo será una ligera amenaza) sobre la superficie de trabajo. Ahora tome la mezcla de carne y extiéndala sobre la toalla, dándole forma con las manos en un disco rectangular, de ⅜ de pulgada / 1 cm de espesor y aproximadamente 12 por 10 pulgadas / 30 por 25 cm. Mantenga limpios los bordes de la tela.

c) Cubre la carne con las rodajas de lengua, dejando ¾ de pulgada / 2 cm alrededor del borde. Corta la tortilla en 4 tiras anchas y extiéndelas uniformemente sobre la lengua.

d) Levanta el paño para ayudarte a comenzar a enrollar la carne hacia adentro desde uno de sus lados anchos. Continúe enrollando la carne hasta darle forma de salchicha grande, usando la toalla como ayuda. Al final, lo que quieres es un pan apretado, parecido a un rollo de gelatina, con la carne molida por fuera y la tortilla en el centro. Cubre el pan con la toalla, envolviéndolo bien para que quede sellado por dentro. Ate los extremos con una cuerda y meta el exceso de tela debajo del tronco para terminar con un paquete bien atado.

e) Coloque el paquete dentro de una cacerola grande o de una olla. Eche la zanahoria, el apio, el tomillo, el laurel, la cebolla y la base de caldo alrededor del pan y vierta sobre agua hirviendo hasta casi cubrirlo. Tapar la olla y dejar cocer a fuego lento durante 2 horas.

f) Retire el pan de la sartén y déjelo a un lado para permitir que se escurra parte del líquido (el caldo para escalfar sería una excelente base para sopa). Después de unos 30 minutos, coloque algo pesado encima para eliminar más jugo. Una vez que alcance la temperatura ambiente, coloque el pastel de carne en el refrigerador, todavía cubierto con un paño, para que se enfríe completamente, de 3 a 4 horas.

g) Para la salsa, coloque todos los ingredientes en un procesador de alimentos y presione hasta obtener una consistencia gruesa (o, para darle un aspecto rústico, pique el perejil, las alcaparras y el huevo a mano y revuelva con el resto de los ingredientes). Prueba y ajusta el sazón.

h) Para servir, retire el pan de la toalla, córtelo en rodajas de ⅜ de pulgada / 1 cm de grosor y colóquelas en un plato para servir. Sirve la salsa a un lado.

86. Huevos Estofados Con Cordero, Tahini Y Zumaque

Hace: 4

INGREDIENTES
- 1 cucharada de aceite de oliva
- 1 cebolla grande, finamente picada (1¼ tazas / 200 g en total)
- 6 dientes de ajo, cortados en rodajas finas
- 300 g / 10 oz de cordero molido
- 2 cucharaditas de zumaque, más un poco para terminar
- 1 cucharadita de comino molido
- ½ taza / 50 g de pistachos tostados sin sal, triturados
- 7 cucharadas / 50 g de piñones tostados
- 2 cucharaditas de pasta harissa (comprada en la tienda over receta)
- 1 cucharada de cáscara de limón en conserva finamente picada (comprada en la tienda over receta)
- 1⅓ tazas / 200 g de tomates cherry
- ½ taza / 120 ml de caldo de pollo
- 4 huevos grandes de gallinas camperas
- ¼ de taza / 5 g de hojas de cilantro picadas o 1 cucharadaZhoug
- sal y pimienta negra recién molida

SALSA DE YOGUR
- ½ taza / 100 g de yogur griego
- 1½ cucharada / 25 g de pasta de tahini
- 2 cucharadas de jugo de limón recién exprimido
- 1 cucharada de agua

INSTRUCCIONES

a) Calienta el aceite de oliva a fuego medio-alto en una sartén mediana de fondo grueso que tenga una tapa hermética. Agrega la cebolla y el ajo y sofríe durante 6 minutos para que se ablanden y tomen un poco de color. Suba el fuego a alto, agregue el cordero y dórelo bien, de 5 a 6 minutos. Sazone con zumaque, comino, ¾ de cucharadita de sal y un poco de pimienta negra y cocine por un minuto más. Apague el fuego, agregue las nueces, la harissa y el limón en conserva y reserve.

b) Mientras se cocina la cebolla, caliente una sartén pequeña de hierro fundido u otra sartén pesada a fuego alto. Una vez que estén bien calientes, agregue los tomates cherry y cocínelos durante 4 a 6 minutos, echándolos en la sartén de vez en cuando, hasta que estén ligeramente ennegrecidos por fuera. Dejar de lado.

c) Prepara la salsa de yogur batiendo todos los ingredientes con una pizca de sal. Tiene que quedar espeso y rico, pero es posible que tengas que añadir un chorrito de agua si está duro.

d) Puedes dejar la carne, los tomates y la salsa en esta etapa hasta por una hora. Cuando esté listo para servir, recaliente la carne, agregue el caldo de pollo y deje hervir. Haga 4 pocillos pequeños en la mezcla y rompa un huevo en cada pocillo. Tapa la sartén y cocina los huevos a fuego lento durante 3 minutos. Colocar encima los tomates evitando las yemas, tapar nuevamente y cocinar por 5 minutos, hasta que las claras estén cocidas pero las yemas aún líquidas.

e) Retirar del fuego y rociar con cucharadas de salsa de yogur, espolvorear con zumaque y terminar con el cilantro. Servir de inmediato.

87. Ternera cocida a fuego lento con ciruelas pasas y puerro

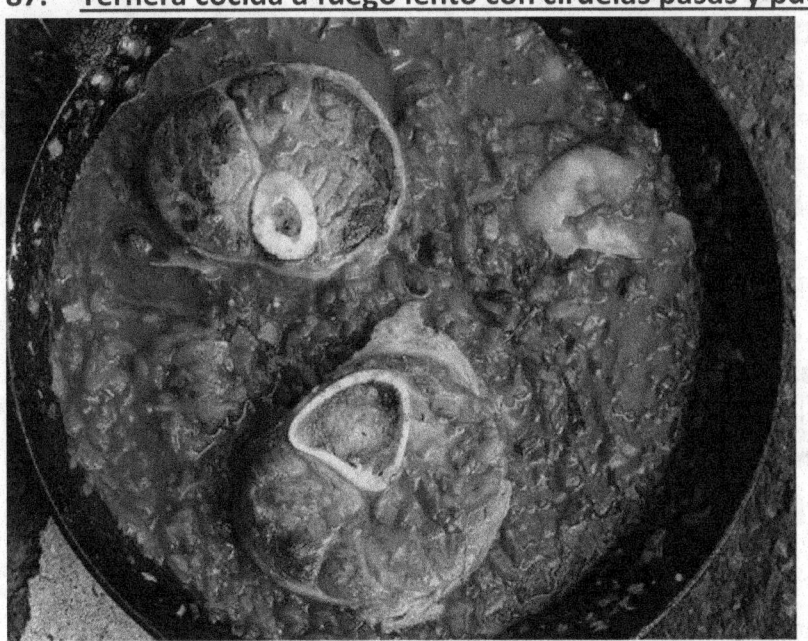

Rinde: 4 GENEROSAMENTE

INGREDIENTES
- ½ taza / 110 ml de aceite de girasol
- 4 filetes grandes de osobuco, con hueso (aproximadamente 2¼ lb / 1 kg en total)
- 2 cebollas grandes, finamente picadas (unas 3 tazas/500 g en total)
- 3 dientes de ajo machacados
- 6½ cucharadas / 100 ml de vino blanco seco
- 1 taza / 250 ml de caldo de pollo o ternera
- una lata de 400 g / 14 oz de tomates picados
- 5 ramitas de tomillo, hojas finamente picadas
- 2 hojas de laurel
- ralladura de ½ naranja, en tiras
- 2 ramitas de canela pequeñas
- ½ cucharadita de pimienta de Jamaica molida
- anís de 2 estrellas
- 6 puerros grandes, solo la parte blanca (1¾ lb / 800 g en total), cortados en rodajas de ⅔ de pulgada / 1,5 cm
- 7 oz / 200 g de ciruelas pasas blandas, sin hueso
- sal y pimienta negra recién molida
- SERVIR
- ½ taza / 120 g de yogur griego
- 2 cucharadas de perejil de hoja plana finamente picado
- 2 cucharadas de ralladura de limón
- 2 dientes de ajo machacados

INSTRUCCIONES

a) Precalienta el horno a 350°F / 180°C.
b) Calienta 2 cucharadas de aceite en una sartén grande de fondo grueso a fuego alto. Freír los trozos de ternera durante 2 minutos por cada lado, dorando bien la carne. Transfiera a un colador para escurrir mientras prepara la salsa de tomate.
c) Retire la mayor parte de la grasa de la sartén, agregue 2 cucharadas más de aceite y agregue la cebolla y el ajo. Regrese a fuego medio-alto y saltee, revolviendo ocasionalmente y

raspando el fondo de la sartén con una cuchara de madera, durante unos 10 minutos, hasta que las cebollas estén suaves y doradas. Agregue el vino, hierva y cocine a fuego lento durante 3 minutos, hasta que la mayor parte se haya evaporado. Agrega la mitad del caldo, los tomates, el tomillo, el laurel, la ralladura de naranja, la canela, la pimienta de Jamaica, el anís estrellado, 1 cucharadita de sal y un poco de pimienta negra. Mezcle bien y llevar a ebullición. Agregue los trozos de ternera a la salsa y revuelva para cubrir.

d) Transfiera la ternera y la salsa a una fuente para hornear profunda de aproximadamente 33 por 24 cm / 13 por 9½ pulgadas y extiéndala uniformemente. Cubrir con papel de aluminio y colocar en el horno durante 2½ horas. Verifique un par de veces durante la cocción para asegurarse de que la salsa no se espese demasiado y se queme por los lados; Probablemente necesitarás agregar un poco de agua para evitarlo. La carne estará lista cuando se desprenda fácilmente del hueso. Saca la ternera de la salsa y colócala en un bol grande. Cuando esté lo suficientemente frío como para manipularlo, retire toda la carne de los huesos y use un cuchillo pequeño para raspar todo el tuétano. Deseche los huesos.

e) Calienta el aceite restante en una sartén aparte y dora bien los puerros a fuego alto durante unos 3 minutos, revolviendo ocasionalmente. Viértelos sobre la salsa de tomate. A continuación, en la sartén en la que hiciste la salsa de tomate, mezcla las ciruelas pasas, el caldo restante, la carne desmenuzada y la médula ósea y vierte esto sobre los puerros. Vuelva a tapar con papel aluminio y continúe cocinando por una hora más. Una vez fuera del horno, prueba y sazona con sal y más pimienta negra si es necesario.

f) Sirva caliente, con una cucharada de yogur frío encima y espolvoreado con una mezcla de perejil, ralladura de limón y ajo.

88. Shawarma de cordero de Hannukah

Hace: 8

INGREDIENTES
- 2 cucharaditas de granos de pimienta negra
- 5 dientes enteros
- ½ cucharadita de vainas de cardamomo
- ¼ cucharadita de semillas de fenogreco
- 1 cucharadita de semillas de hinojo
- 1 cucharada de semillas de comino
- 1 anís estrellado
- ½ rama de canela
- ½ nuez moscada entera, rallada
- ¼ cucharadita de jengibre molido
- 1 cucharada de pimentón dulce
- 1 cucharada de zumaque
- 2½ cucharaditas de sal marina Maldon
- 1 oz / 25 g de jengibre fresco, rallado
- 3 dientes de ajo machacados
- ⅔ taza / 40 g de cilantro, tallos y hojas picados
- ¼ de taza / 60 ml de jugo de limón recién exprimido
- ½ taza / 120 ml de aceite de maní
- 1 pierna de cordero con hueso, de aproximadamente 5½ a 6½ lb / 2,5 a 3 kg
- 1 taza / 240 ml de agua hirviendo

INSTRUCCIONES

a) Coloque los primeros 8 ingredientes en una sartén de hierro fundido y ase en seco a fuego medio-alto durante uno o dos minutos, hasta que las especias comiencen a explotar y liberar sus aromas. Ten cuidado de no quemarlos. Agregue la nuez moscada, el jengibre y el pimentón, revuelva por unos segundos más, solo para calentarlos, luego transfiéralo a un molinillo de especias. Procese las especias hasta obtener un polvo uniforme. Transfiera a un tazón mediano y agregue todos los ingredientes restantes, excepto el cordero.

b) Utilice un cuchillo pequeño y afilado para marcar la pierna de cordero en algunos lugares, haciendo cortes de ⅔ de pulgada/1,5 cm de profundidad a través de la grasa y la carne para permitir que la marinada se filtre. Colóquela en una fuente para asar grande y frote la marinada por todas partes. el cordero; Usa tus manos para masajear bien la carne. Cubre la sartén con papel de aluminio y déjala reposar al menos un par de horas o, preferiblemente, déjala enfriar durante la noche.
c) Precalienta el horno a 325°F / 170°C.
d) Coloque el cordero en el horno con el lado graso hacia arriba y ase por un total de aproximadamente 4½ horas, hasta que la carne esté completamente tierna. Después de 30 minutos de asado, agregue el agua hirviendo a la sartén y use este líquido para rociar la carne aproximadamente cada hora. Agregue más agua, según sea necesario, asegurándose de que siempre quede aproximadamente ¼ de pulgada / 0,5 cm en el fondo de la olla. Durante las últimas 3 horas, cubre el cordero con papel de aluminio para evitar que se quemen las especias. Una vez hecho, retira el cordero del horno y déjalo reposar 10 minutos antes de cortarlo y servirlo.
e) En nuestra opinión, la mejor manera de servir esto está inspirada en el restaurante shakshuka más famoso de Israel (VER RECETA), Dr. Shakshuka, en Jaffa, propiedad de Bino Gabso. Tome seis bolsitas de pita individuales y úntelas generosamente por dentro con una pasta para untar hecha mezclando ⅔ de taza/120 g de tomates enlatados picados, 2 cucharaditas/20 g de pasta harissa, 4 cucharaditas/20 g de pasta de tomate, 1 cucharada de aceite de oliva y un poco de sal. y pimienta. Cuando el cordero esté listo, caliente las pitas en una plancha caliente hasta que queden bonitas marcas carbonizadas en ambos lados. Corta el cordero caliente en rodajas y córtalo en tiras de 1,5 cm / ⅔ de pulgada. Apílelos sobre cada pita caliente, vierta sobre algunos de los líquidos para asar de la sartén, reducidos, y termine con cebolla picada, perejil picado y una pizca de zumaque. Y no te olvides del pepino y el tomate frescos. Es un plato celestial.

89. Lubina frita con harissa y rosa

Rinde: 2 A 4

INGREDIENTES
- 3 cucharadas de pasta harissa (comprada en la tienda over receta)
- 1 cucharadita de comino molido
- 4 filetes de lubina, aproximadamente 1 libra / 450 g en total, sin piel y sin espinas
- harina para todo uso, para espolvorear
- 2 cucharadas de aceite de oliva
- 2 cebollas medianas, finamente picadas
- 6½ cucharadas / 100 ml de vinagre de vino tinto
- 1 cucharadita de canela molida
- 1 taza / 200 ml de agua
- 1½ cucharada de miel
- 1 cucharada de agua de rosas
- ½ taza / 60 g de grosellas (opcional)
- 2 cucharadas de cilantro picado grueso (opcional)
- 2 cucharaditas de pequeños pétalos de rosa comestibles secos
- sal y pimienta negra recién molida

INSTRUCCIONES

a) Primero marina el pescado. Mezcle la mitad de la pasta de harissa, el comino molido y ½ cucharadita de sal en un tazón pequeño. Frote la pasta por todos los filetes de pescado y déjelos marinar durante 2 horas en el frigorífico.

b) Espolvorea los filetes con un poco de harina y sacude el exceso. Calienta el aceite de oliva en una sartén amplia a fuego medio-alto y fríe los filetes durante 2 minutos por cada lado. Es posible que tengas que hacer esto en dos tandas. Reserva el pescado, deja el aceite en la sartén y añade la cebolla. Revuelve mientras cocinas durante unos 8 minutos, hasta que las cebollas estén doradas.

c) Agrega el resto de la harissa, el vinagre, la canela, ½ cucharadita de sal y abundante pimienta negra. Vierta el agua, baje el fuego y deje que la salsa hierva a fuego lento durante 10 a 15 minutos, hasta que espese bastante.

d) Agregue la miel y el agua de rosas a la sartén junto con las grosellas, si las usa, y cocine a fuego lento durante un par de minutos más. Pruebe y ajuste la sazón y luego regrese los filetes de pescado a la sartén; puedes superponerlos ligeramente si no encajan del todo. Vierta la salsa sobre el pescado y déjelo calentar en la salsa hirviendo durante 3 minutos; Es posible que tengas que añadir unas cucharadas de agua si la salsa queda muy espesa. Sirva tibio o a temperatura ambiente, espolvoreado con el cilantro, si lo usa, y los pétalos de rosa.

90. Brochetas de pescado y alcaparras con berenjena quemada y pepinillo de limón

Rinde: 12 KEBABS

INGREDIENTES
- 2 berenjenas medianas (aproximadamente 1⅔ lb / 750 g en total)
- 2 cucharadas de yogur griego
- 1 diente de ajo, machacado
- 2 cucharadas de perejil de hoja plana picado
- aproximadamente 2 cucharadas de aceite de girasol, para freír
- 2 cucharaditasLimones encurtidos rápidos
- sal y pimienta negra recién molida
- BROCHETAS DE PESCADO
- 14 oz / 400 g de eglefino o cualquier otro filete de pescado blanco, sin piel y sin espinas
- ½ taza / 30 g de pan rallado fresco
- ½ huevo campero grande, batido
- 2½ cucharadas / 20 g de alcaparras picadas
- ⅔ oz / 20 g de eneldo picado
- 2 cebollas verdes, finamente picadas
- ralladura de 1 limón
- 1 cucharada de jugo de limón recién exprimido
- ¾ cucharadita de comino molido
- ½ cucharadita de cúrcuma molida
- ½ cucharadita de sal
- ¼ cucharadita de pimienta blanca molida

INSTRUCCIONES

a) Empieza con las berenjenas. Quemar, pelar y escurrir la pulpa de berenjena siguiendo las instrucciones delBerenjena quemada con ajo, limón y semillas de granadareceta. Una vez bien escurrida, pique la pulpa en trozos grandes y colóquela en un tazón. Agrega el yogur, el ajo, el perejil, 1 cucharadita de sal y abundante pimienta negra. Dejar de lado.

b) Corta el pescado en rodajas muy finas, de sólo ⅙ de pulgada / 2 mm de grosor. Corta las rodajas en dados pequeños y colócalas en un tazón mediano. Agrega los ingredientes restantes y revuelve bien. Humedece tus manos y forma con la mezcla 12 hamburguesas o dedos, de aproximadamente 1½ oz / 45 g cada uno. Disponer en un plato, cubrir con film transparente y dejar en el frigorífico al menos 30 minutos.

c) Vierte suficiente aceite en una sartén para formar una película fina en el fondo y coloca a fuego medio-alto. Cocine las brochetas en tandas de 4 a 6 minutos para cada tanda, volteándolas hasta que tengan color por todos lados y estén bien cocidas.

d) Servir los kebabs aún calientes, 3 por ración, junto con la berenjena quemada y una pequeña cantidad de limón encurtido (cuidado, los limones suelen predominar).

91. <u>Caballa frita con remolacha dorada y salsa de naranja</u>

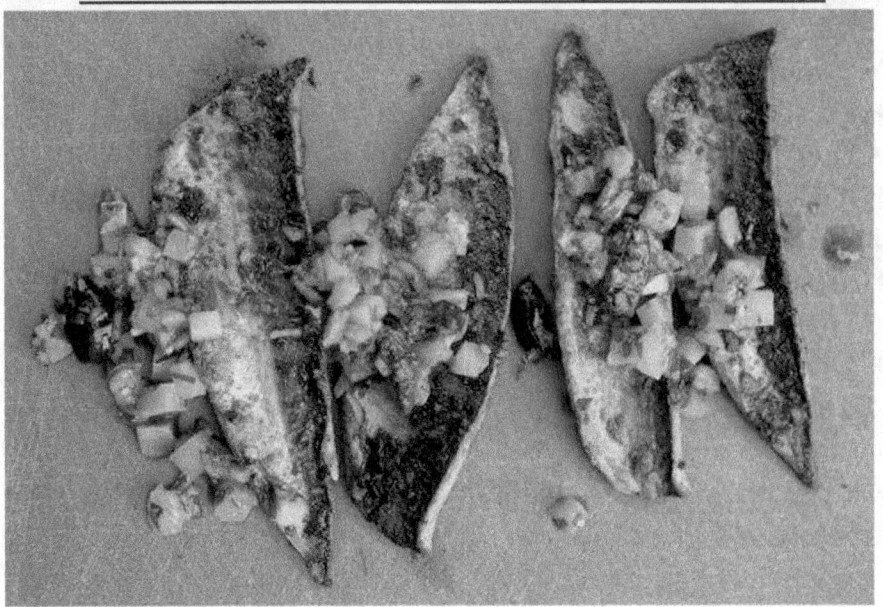

Rinde: 4 COMO PRINCIPAL

INGREDIENTES
- 1 cucharada de pasta harissa (comprada en la tienda over receta)
- 1 cucharadita de comino molido
- 4 filetes de caballa (aproximadamente 9 oz / 260 g en total), con piel
- 1 remolacha dorada mediana (3½ oz / 100 g en total)
- 1 naranja mediana
- 1 limón pequeño, cortado por la mitad a lo ancho
- ¼ de taza / 30 g de aceitunas Kalamata deshuesadas, cortadas en cuartos a lo largo
- ½ cebolla morada pequeña, finamente picada (¼ de taza / 40 g en total)
- ¼ de taza / 15 g de perejil de hoja plana picado
- ½ cucharadita de semillas de cilantro, tostadas y trituradas
- ¾ cucharadita de semillas de comino, tostadas y trituradas
- ½ cucharadita de pimentón dulce
- ½ cucharadita de hojuelas de chile
- 1 cucharada de aceite de avellana o nuez
- ½ cucharadita de aceite de oliva
- sal

INSTRUCCIONES

a) Mezcle la pasta de harissa, el comino molido y una pizca de sal y frote la mezcla con los filetes de caballa. Reservar en el frigorífico hasta que esté listo para cocinar.

b) Hervir la remolacha en abundante agua durante unos 20 minutos (puede tardar mucho más, dependiendo de la variedad), hasta que una brocheta se deslice suavemente. Deje que se enfríe, luego pélelo, córtelo en dados de ¼ de pulgada / 0,5 cm y colóquelo en un tazón.

c) Pela la naranja y la mitad de 1 limón, quitando toda la médula exterior, y córtalos en cuartos. Retire la médula del medio y las semillas y corte la pulpa en dados de ¼ de pulgada / 0,5 cm.

Agrega a la remolacha junto con las aceitunas, la cebolla morada y el perejil.

d) En un recipiente aparte, mezcle las especias, el jugo de la mitad de limón restante y el aceite de nuez. Vierta esto sobre la mezcla de remolacha y naranja, revuelva y sazone al gusto con sal. Es mejor dejar la salsa reposar a temperatura ambiente durante al menos 10 minutos para permitir que todos los sabores se mezclen.

e) Justo antes de servir, calienta el aceite de oliva en una sartén antiadherente grande a fuego medio. Coloque los filetes de caballa con la piel hacia abajo en la sartén y cocínelos, volteándolos una vez, durante aproximadamente 3 minutos, hasta que estén bien cocidos. Transfiera a platos para servir y vierta la salsa encima.

92. Tortitas de Bacalao en Salsa de Tomate

Hace: 4

INGREDIENTES
- 3 rebanadas de pan blanco, sin corteza (aproximadamente 2 oz / 60 g en total)
- 1⅓ lb / 600 g de filete de bacalao, fletán, merluza o abadejo, sin piel y sin espinas
- 1 cebolla mediana, finamente picada (aproximadamente 1 taza/150 g en total)
- 4 dientes de ajo machacados
- 1 oz / 30 g de perejil de hoja plana, finamente picado
- 1 oz / 30 g de cilantro, finamente picado
- 1 cucharada de comino molido
- 1½ cucharadita de sal
- 2 huevos camperos extra grandes, batidos
- 4 cucharadas de aceite de oliva
- SALSA DE TOMATE
- 2½ cucharadas de aceite de oliva
- 1½ cucharadita de comino molido
- ½ cucharadita de pimentón dulce
- 1 cucharadita de cilantro molido
- 1 cebolla mediana, picada
- ½ taza / 125 ml de vino blanco seco
- una lata de 400 g / 14 oz de tomates picados
- 1 chile rojo, sin semillas y finamente picado
- 1 diente de ajo, machacado
- 2 cucharaditas de azúcar extrafina
- 2 cucharadas de hojas de menta, picadas en trozos grandes
- sal y pimienta negra recién molida

INSTRUCCIONES

a) Primero, haz la salsa de tomate. Calienta el aceite de oliva a fuego medio en una sartén muy grande para la que tengas tapa. Agrega las especias y la cebolla y cocina de 8 a 10 minutos, hasta que la cebolla esté completamente suave. Agrega el vino y cocina a fuego lento durante 3 minutos. Agrega los tomates, el chile, el ajo, el azúcar, ½ cucharadita de sal y un poco de pimienta negra. Cocine a fuego lento durante unos 15 minutos, hasta que espese bastante. Probar para ajustar la sazón y reservar.

b) Mientras se cocina la salsa, haz las croquetas de pescado. Coloque el pan en un procesador de alimentos y mezcle para formar pan rallado. Picar el pescado muy fino y colocar en un bol junto con el pan y todo lo demás, menos el aceite de oliva. Mezcle bien y luego, con las manos, forme tortas compactas con la mezcla de aproximadamente ¾ de pulgada / 2 cm de grosor y 3¼ de pulgada / 8 cm de diámetro. Deberías tener 8 pasteles. Si están muy suaves refrigerar por 30 minutos para que se endurezcan. (También puedes agregar un poco de pan rallado seco a la mezcla, aunque hazlo con moderación; los pasteles deben estar bastante húmedos).

c) Calienta la mitad del aceite de oliva en una sartén a fuego medio-alto, agrega la mitad de los pasteles y dora durante 3 minutos por cada lado, hasta que estén bien coloreados. Repita con los pasteles restantes y el aceite.

d) Coloque con cuidado los pasteles chamuscados uno al lado del otro en la salsa de tomate; puedes apretarlos un poco para que quepan todos. Agregue suficiente agua para cubrir parcialmente los pasteles (aproximadamente 1 taza / 200 ml). Cubra la sartén con la tapa y cocine a fuego muy lento durante 15 a 20 minutos. Apagar el fuego y dejar reposar los bizcochos, destapados, durante al menos 10 minutos antes de servir calientes o a temperatura ambiente, espolvoreados con menta.

93. Brochetas de pescado a la plancha con hawayej y perejil

Rinde: 4 A 6

INGREDIENTES

- 2¼ lb / 1 kg de filetes de pescado blanco firmes, como rape o fletán, sin piel, sin espinas y cortados en cubos de 1 pulgada / 2,5 cm
- 1 taza / 50 g de perejil de hoja plana finamente picado
- 2 dientes de ajo grandes, machacados
- ½ cucharadita de hojuelas de chile
- 1 cucharada de jugo de limón recién exprimido
- 2 cucharadas de aceite de oliva
- sal
- rodajas de limón, para servir
- 15 a 18 brochetas de bambú largas, remojadas en agua durante 1 hora
- MEZCLA DE ESPECIAS HAWAYEJ
- 1 cucharadita de granos de pimienta negra
- 1 cucharadita de semillas de cilantro
- 1½ cucharadita de semillas de comino
- 4 dientes enteros
- ½ cucharadita de cardamomo molido
- 1½ cucharadita de cúrcuma molida

INSTRUCCIONES

a) Comience con la mezcla hawayej. Coloque los granos de pimienta, el cilantro, el comino y los clavos en un molinillo de especias o en un mortero y trabaje hasta que estén finamente molidos. Agregue el cardamomo molido y la cúrcuma, revuelva bien y transfiera a un tazón grande para mezclar.

b) Coloque el pescado, el perejil, el ajo, las hojuelas de chile, el jugo de limón y 1 cucharadita de sal en el bol con las especias hawayej. Mezclar bien con las manos, masajeando el pescado en la mezcla de especias hasta que todos los trozos queden bien cubiertos. Tapar el bol y, idealmente, dejar macerar en el frigorífico entre 6 y 12 horas. Si no puedes dedicar ese tiempo, no te preocupes; una hora también debería estar bien.

c) Coloque una sartén con crestas a fuego alto y déjela durante unos 4 minutos hasta que esté caliente. Mientras tanto, enhebre los trozos de pescado en las brochetas, de 5 a 6 trozos en cada una, asegurándose de dejar espacios entre los trozos. Unte suavemente el pescado con un poco de aceite de oliva y coloque las brochetas en la plancha caliente en 3 o 4 tandas para que no queden demasiado juntas. Ase durante aproximadamente 1½ minutos por cada lado, hasta que el pescado esté bien cocido. Alternativamente, cocínelos en una parrilla o debajo de una parrilla, donde tardarán aproximadamente 2 minutos por cada lado en cocinarse.

d) Servir inmediatamente con las rodajas de limón.

94. ensalada de fricasé

Hace: 4

INGREDIENTES
- 4 ramitas de romero
- 4 hojas de laurel
- 3 cucharadas de granos de pimienta negra
- aproximadamente 1⅔ tazas / 400 ml de aceite de oliva virgen extra
- 10½ oz / 300 g de filete de atún, en una o dos piezas
- 1⅓ lb / 600 g de papas Yukon Gold, peladas y cortadas en trozos de ¾ de pulgada / 2 cm
- ½ cucharadita de cúrcuma molida
- 5 filetes de anchoa, picados en trozos grandes
- 3 cucharadas de pasta harissa (comprada en la tienda over receta)
- 4 cucharadas de alcaparras
- 2 cucharaditas de cáscara de limón en conserva finamente picada (comprada en la tienda over receta)
- ½ taza / 60 g de aceitunas negras, deshuesadas y partidas por la mitad
- 2 cucharadas de jugo de limón recién exprimido
- 5 oz / 140 g de pimientos del piquillo en conserva (unos 5 pimientos), partidos en tiras gruesas
- 4 huevos grandes, duros, pelados y cortados en cuartos
- 2 lechugas tiernas (aproximadamente 5 oz / 140 g en total), con las hojas separadas y cortadas
- ⅔ oz / 20 g de perejil de hoja plana, con las hojas recogidas y cortadas
- sal

INSTRUCCIONES

a) Para preparar el atún, ponemos en una cacerola pequeña el romero, las hojas de laurel y los granos de pimienta y añadimos el aceite de oliva. Calienta el aceite justo por debajo del punto de ebullición, cuando comiencen a aparecer pequeñas burbujas.

Agrega con cuidado el atún (el atún debe estar completamente cubierto; si no, calienta más aceite y agrega a la sartén). Retirar del fuego y dejar reposar un par de horas, sin tapar, luego tapar la cacerola y refrigerar por al menos 24 horas.

b) Cuece las patatas con la cúrcuma en abundante agua hirviendo con sal durante 10 a 12 minutos, hasta que estén cocidas. Escurrir con cuidado, asegurándose de que no se derrame nada del agua de cúrcuma (¡es difícil quitar las manchas!) y colocar en un tazón grande para mezclar. Mientras las patatas aún están calientes, añadir las anchoas, la harissa, las alcaparras, el limón en conserva, las aceitunas, 6 cucharadas / 90 ml de aceite de conserva de atún y algunos granos de pimienta del aceite. Mezclar suavemente y dejar enfriar.

c) Saque el atún del aceite restante, rómpalo en trozos pequeños y agréguelo a la ensalada. Agrega el jugo de limón, los pimientos, los huevos, la lechuga y el perejil. Mezcle suavemente, pruebe, agregue sal si es necesario y posiblemente más aceite, luego sirva.

95. Gambas, Vieiras Y Almejas Con Tomate Y Feta

Rinde: 4 COMO PRINCIPAL

INGREDIENTES
- 1 taza / 250 ml de vino blanco
- 2¼ lb / 1 kg de almejas, lavadas
- 3 dientes de ajo, en rodajas finas
- 3 cucharadas de aceite de oliva, más un poco más para terminar
- 3½ tazas / 600 g de tomates pera italianos pelados y picados (frescos o enlatados)
- 1 cucharadita de azúcar extrafina
- 2 cucharadas de orégano picado
- 1 limon
- 7 oz / 200 g de langostinos tigre, pelados y desvenados
- 7 oz / 200 g de vieiras grandes (si son muy grandes, córtelas por la mitad horizontalmente)
- 4 oz / 120 g de queso feta, partido en trozos de ¾ de pulgada / 2 cm
- 3 cebollas verdes, en rodajas finas
- sal y pimienta negra recién molida

INSTRUCCIONES

a) Coloca el vino en una cacerola mediana y hierve hasta que se reduzca a tres cuartos. Agrega las almejas, cubre inmediatamente con una tapa y cocina a fuego alto durante unos 2 minutos, agitando la sartén de vez en cuando, hasta que las almejas se abran. Pasar a un colador fino para escurrir, capturando los jugos de la cocción en un bol. Deseche las almejas que no se abran, luego retire el resto de sus conchas, dejando algunas con sus conchas para terminar el plato, si lo desea.

b) Precalienta el horno a 475°F / 240°C.

c) En una sartén grande, cocina el ajo en aceite de oliva a fuego medio-alto durante aproximadamente 1 minuto, hasta que esté dorado. Agrega con cuidado los tomates, el líquido de las almejas, el azúcar, el orégano y un poco de sal y pimienta. Quite 3 tiras de ralladura de limón, agréguelas y cocine a fuego lento durante 20 a 25 minutos, hasta que la salsa espese. Pruebe y agregue sal y pimienta según sea necesario. Deseche la ralladura de limón.

d) Agregue las gambas y las vieiras, revuelva suavemente y cocine durante uno o dos minutos. Incorpora las almejas sin cáscara y transfiere todo a una fuente pequeña para horno. Sumerge los trozos de queso feta en la salsa y espolvorea con la cebolla verde. Cubra con algunas almejas con concha, si lo desea, y colóquelas en el horno de 3 a 5 minutos, hasta que la parte superior coloree un poco y los langostinos y las vieiras estén recién cocidos. Retiramos la fuente del horno, exprimimos un poco de zumo de limón por encima y terminamos con un chorrito de aceite de oliva.

96. Filetes De Salmón En Salsa Chraimeh

Hace: 4

INGREDIENTES
- ½ taza / 110 ml de aceite de girasol
- 3 cucharadas de harina para todo uso
- 4 filetes de salmón, aproximadamente 1 libra / 950 g
- 6 dientes de ajo, picados en trozos grandes
- 2 cucharaditas de pimentón dulce
- 1 cucharada de semillas de alcaravea, secas tostadas y recién molidas
- 1½ cucharadita de comino molido
- ¼ cucharadita de pimienta de cayena redondeada
- ¼ cucharadita de canela molida redondeada
- 1 chile verde, picado en trozos grandes
- ⅔ taza / 150 ml de agua
- 3 cucharadas de pasta de tomate
- 2 cucharaditas de azúcar extrafina
- 1 limón, cortado en 4 gajos, más 2 cucharadas de jugo de limón recién exprimido
- 2 cucharadas de cilantro picado grueso
- sal y pimienta negra recién molida

INSTRUCCIONES

a) Calienta 2 cucharadas de aceite de girasol a fuego alto en una sartén grande con tapa. Coloque la harina en un recipiente poco profundo, sazone generosamente con sal y pimienta y agregue el pescado. Sacuda el exceso de harina y dore el pescado durante uno o dos minutos por cada lado, hasta que esté dorado. Retire el pescado y limpie la sartén.

b) Coloque el ajo, las especias, el chile y 2 cucharadas de aceite de girasol en un procesador de alimentos y mezcle hasta formar una pasta espesa. Quizás necesites agregar un poco más de aceite para unir todo.

c) Vierta el aceite restante en la sartén, caliente bien y agregue la pasta de especias. Remueve y fríe durante sólo 30 segundos, para que las especias no se quemen. Rápidamente pero con cuidado (¡puede escupir!), agrega el agua y la pasta de tomate para evitar que las especias se cocinen. Llevar a fuego lento y agregar el azúcar, el jugo de limón, ¾ de cucharadita de sal y un poco de pimienta. Gusto por sazonar.

d) Pon el pescado en la salsa, deja que hierva a fuego lento, tapa la sartén y cocina de 7 a 11 minutos, dependiendo del tamaño del pescado, hasta que esté cocido. Retirar la cacerola del fuego, quitar la tapa y dejar enfriar. Sirve el pescado tibio o a temperatura ambiente. Adorne cada porción con el cilantro y una rodajita de limón.

97. Pescado Agridulce Marinado

Hace: 4

INGREDIENTES
- 3 cucharadas de aceite de oliva
- 2 cebollas medianas, cortadas en rodajas de 1 cm / ⅜ de pulgada (3 tazas / 350 g en total)
- 1 cucharada de semillas de cilantro
- 2 pimientos (1 rojo y 1 amarillo), cortados por la mitad a lo largo, sin semillas y cortados en tiras de ⅜ de pulgada/1 cm de ancho (3 tazas/300 g en total)
- 2 dientes de ajo machacados
- 3 hojas de laurel
- 1½ cucharada de curry en polvo
- 3 tomates picados (2 tazas / 320 g en total)
- 2½ cucharadas de azúcar
- 5 cucharadas de vinagre de sidra
- 1 libra / 500 g de filetes de abadejo, bacalao, fletán, eglefino u otro pescado blanco, divididos en 4 trozos iguales
- harina para todo uso sazonada, para espolvorear
- 2 huevos extra grandes, batidos
- ⅓ taza / 20 g de cilantro picado

sal y pimienta negra recién molida

INSTRUCCIONES

a) Precalienta el horno a 375°F / 190°C.
b) Calienta 2 cucharadas de aceite de oliva en una sartén grande para horno o en una olla a fuego medio. Agregue las cebollas y las semillas de cilantro y cocine por 5 minutos, revolviendo con frecuencia. Agrega los pimientos y cocina por 10 minutos más. Agregue el ajo, las hojas de laurel, el curry en polvo y los tomates y cocine por otros 8 minutos, revolviendo ocasionalmente. Agrega el azúcar, el vinagre, 1½ cucharadita de sal y un poco de pimienta negra y continúa cocinando por otros 5 minutos.
c) Mientras tanto, caliente la cucharada de aceite restante en una sartén aparte a fuego medio-alto. Espolvorea el pescado con un

poco de sal, sumérgelo en harina, luego en los huevos y fríelo durante unos 3 minutos, volteándolo una vez. Transfiera el pescado a toallas de papel para absorber el exceso de aceite, luego agréguelo a la sartén con los pimientos y las cebollas, apartando las verduras para que el pescado se asiente en el fondo de la sartén. Agrega suficiente agua solo para sumergir el pescado (aproximadamente 1 taza/250 ml) en el líquido.

d) Coloca la sartén en el horno durante 10 a 12 minutos, hasta que el pescado esté cocido. Retirar del horno y dejar enfriar a temperatura ambiente. El pescado ya se puede servir, pero en realidad está mejor después de uno o dos días en el frigorífico. Antes de servir, prueba y agrega sal y pimienta, si es necesario, y decora con el cilantro.

98. Galettes de pimiento rojo y huevo al horno

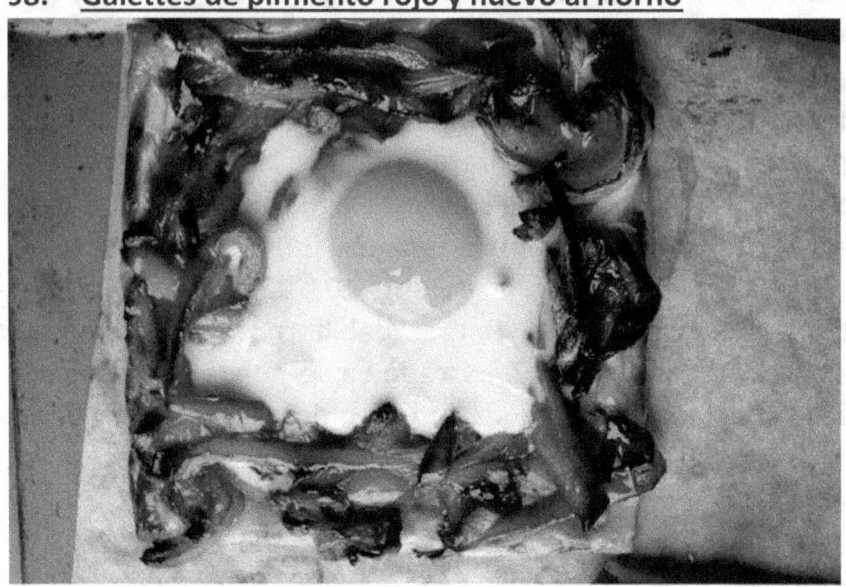

Hace: 4

INGREDIENTES

- 4 pimientos rojos medianos, partidos por la mitad, sin semillas y cortados en tiras de ⅜ de pulgada / 1 cm de ancho
- 3 cebollas pequeñas, partidas por la mitad y cortadas en gajos de ¾ de pulgada / 2 cm de ancho
- 4 ramitas de tomillo, hojas recogidas y picadas
- 1½ cucharadita de cilantro molido
- 1½ cucharadita de comino molido
- 6 cucharadas de aceite de oliva, más un poco más para terminar
- 1½ cucharada de hojas de perejil de hoja plana, picadas en trozos grandes
- 1½ cucharada de hojas de cilantro, picadas en trozos grandes
- 9 oz / 250 g de hojaldre con mantequilla de la mejor calidad
- 2 cucharadas / 30 g de crema agria
- 4 huevos grandes de gallinas camperas (o 5½ oz / 160 g de queso feta, desmenuzado), más 1 huevo, ligeramente batido
- sal y pimienta negra recién molida

INSTRUCCIONES

a) Precalienta el horno a 400°F / 210°C. En un bol grande, mezcle los pimientos, la cebolla, las hojas de tomillo, las especias molidas, el aceite de oliva y una buena pizca de sal. Extienda en una fuente para asar y ase durante 35 minutos, revolviendo un par de veces durante la cocción. Las verduras deben estar suaves y dulces, pero no demasiado crujientes ni doradas, ya que se cocinarán más. Retirar del horno y agregar la mitad de las hierbas frescas. Probar para sazonar y reservar. Enciende el horno a 425°F / 220°C.

b) Sobre una superficie ligeramente enharinada, extienda el hojaldre hasta formar un cuadrado de 30 cm / 12 pulgadas y aproximadamente 3 mm / ⅛ de pulgada de grosor y córtelo en cuatro cuadrados de 15 cm / 6 pulgadas. Pincha todos los cuadrados con un tenedor y colócalos, bien espaciados, en una bandeja para horno forrada con papel pergamino. Dejar reposar en la nevera durante al menos 30 minutos.

c) Saca la masa de la nevera y unta la parte superior y los lados con huevo batido. Con una espátula acodada o el dorso de una cuchara, esparza 1½ cucharaditas de crema agria sobre cada cuadrado, dejando un borde de ¼ de pulgada/0,5 cm alrededor de los bordes. Coloque 3 cucharadas de la mezcla de pimientos encima de los cuadrados cubiertos de crema agria, dejando que los bordes se levanten. Debe extenderse bastante uniformemente, pero deja un hueco poco profundo en el medio para contener un huevo más adelante.

d) Hornea las galettes durante 14 minutos. Saca la bandeja para hornear del horno y rompe con cuidado un huevo entero en el hueco del centro de cada masa. Regrese al horno y cocine por otros 7 minutos, hasta que los huevos estén listos. Espolvoree con pimienta negra y las hierbas restantes y rocíe con aceite. Servir de inmediato.

99. **Hannukah**Ladrillo

Hace: 2

INGREDIENTES
- aproximadamente 1 taza / 250 ml de aceite de girasol
- 2 círculos de hojas de masa brick, de 10 a 12 pulgadas / 25 a 30 cm de diámetro
- 3 cucharadas de perejil de hoja plana picado
- 1½ cucharada de cebolla verde picada, tanto la parte verde como la blanca
- 2 huevos grandes de gallinas camperas
- sal y pimienta negra recién molida

INSTRUCCIONES

a) Vierte el aceite de girasol en una cacerola mediana; debe llegar aproximadamente ¾ de pulgada / 2 cm por los lados de la sartén. Colocar a fuego medio y dejar hasta que el aceite esté caliente. No lo querrás demasiado caliente o la masa se quemará antes de que se cocine el huevo; Pequeñas burbujas comenzarán a salir a la superficie cuando alcance la temperatura adecuada.

b) Coloque uno de los círculos de masa dentro de un recipiente poco profundo. (Puedes usar un trozo más grande si no quieres desperdiciar mucha masa y llenarla más). Tendrás que trabajar rápido para que la masa no se seque y se ponga rígida. Pon la mitad del perejil en el centro del círculo y espolvorea con la mitad de la cebolla verde. Crea un pequeño nido en el que colocar un huevo y luego, con cuidado, rompe un huevo en el nido. Espolvorea generosamente con sal y pimienta y dobla los lados de la masa para crear un paquete. Los cuatro pliegues se superpondrán para que el huevo quede completamente cerrado. No puedes sellar la masa, pero un doblez prolijo debería mantener el huevo dentro.

c) Voltee con cuidado el paquete y colóquelo suavemente en el aceite, con el sello hacia abajo. Cocine de 60 a 90 segundos por cada lado, hasta que la masa esté dorada. La clara debe estar cuajada y la yema aún líquida. Levante el paquete cocido del aceite y colóquelo entre toallas de papel para absorber el exceso de aceite. Manténgalo caliente mientras cocina la segunda masa. Sirva ambos paquetes a la vez.

100. Sfiha o Lahm Bi'ajeen

Rinde: UNAS 14 PASTELES

ADICIÓN

INGREDIENTES
- 9 oz / 250 g de cordero molido
- 1 cebolla grande, finamente picada (1 taza colmada / 180 g en total)
- 2 tomates medianos, finamente picados (1½ tazas / 250 g)
- 3 cucharadas de pasta tahini ligera
- 1¼ cucharadita de sal
- 1 cucharadita de canela molida
- 1 cucharadita de pimienta de Jamaica molida
- ⅛ cucharadita de pimienta de cayena
- 1 oz / 25 g de perejil de hoja plana, picado
- 1 cucharada de jugo de limón recién exprimido
- 1 cucharada de melaza de granada
- 1 cucharada de zumaque
- 3 cucharadas / 25 g de piñones
- 2 limones, cortados en gajos

MASA
- 1⅔ tazas / 230 g de harina para pan
- 1½ cucharada de leche en polvo
- ½ cucharada de sal
- 1½ cucharadita de levadura seca activa de rápido crecimiento
- ½ cucharadita de polvo para hornear
- 1 cucharada de azúcar
- ½ taza / 125 ml de aceite de girasol
- 1 huevo grande de corral
- ½ taza / 110 ml de agua tibia
- aceite de oliva, para cepillar

INSTRUCCIONES

a) Empieza con la masa. Ponga la harina, la leche en polvo, la sal, la levadura, el polvo para hornear y el azúcar en un tazón grande.

Revuelva bien para mezclar, luego haga un hueco en el centro. Pon el aceite de girasol y el huevo en el pozo, luego revuelve mientras agregas el agua. Cuando la masa se una, transfiérala a una superficie de trabajo y amase durante 3 minutos, hasta que esté elástica y uniforme. Poner en un bol, untar con un poco de aceite de oliva, cubrir con una toalla en un lugar cálido y dejar reposar 1 hora, momento en el que la masa debería haber subido un poco.

b) En un recipiente aparte, use las manos para mezclar todos los ingredientes de la cobertura, excepto los piñones y las rodajas de limón. Dejar de lado.

c) Precalienta el horno a 450°F / 230°C. Forre una bandeja para hornear grande con papel pergamino.

d) Divida la masa cocida en bolas de 50 g / 2 oz; Deberías tener unas 14. Extiende cada bola formando un círculo de aproximadamente 5 pulgadas / 12 cm de diámetro y ⅛ de pulgada / 2 mm de grosor. Cepille cada círculo ligeramente por ambos lados con aceite de oliva y colóquelo en la bandeja para hornear. Tapar y dejar reposar durante 15 minutos.

e) Use una cuchara para dividir el relleno entre los pasteles y extiéndalo uniformemente para que cubra completamente la masa. Espolvorea con los piñones. Dejar reposar durante otros 15 minutos, luego meter en el horno durante unos 15 minutos, hasta que esté cocido. Debes asegurarte de que la masa esté recién horneada, no demasiado horneada; la cobertura debe estar ligeramente rosada por dentro y la masa dorada por dentro. Retirar del horno y servir tibio o a temperatura ambiente con las rodajas de limón.

CONCLUSIÓN

Las recetas de Hanukkah son una parte esencial de la celebración de esta festividad especial. Reúnen a familias y amigos para disfrutar de deliciosos platos tradicionales que se han transmitido de generación en generación. Desde latkes crujientes hasta sufganiyot dulce, estas recetas están llenas de sabor y simbolismo. Representan el milagro del aceite, la calidez de las reuniones familiares y la alegría de celebrar una festividad cargada de tradición. Ya sea que celebre Hanukkah o simplemente quiera probar algo nuevo, estas recetas son una manera maravillosa de experimentar la riqueza y profundidad de la cultura y la cocina judías.

www.ingramcontent.com/pod-product-compliance
Lightning Source LLC
Chambersburg PA
CBHW070647120526
44590CB00013BA/864